# 中国当代铁路客站设计理论探索

郑 健 沈中伟 蔡申夫 著

人民交通出版社
China Communications Press

# 内 容 提 要

本书是作者结合当前大量铁路客站设计实践，归纳、提炼新型铁路客站设计理论观点的系统性论著。全书共分六章，以“以人为本、可持续发展”作为核心思想，提出综合交通枢纽概念，并系统阐述了功能性、系统性、先进性、文化性、经济性原则，介绍了规划与布局、功能与流线、空间形态与文化表现以及运营管理的深刻变化与内在联系，提出综合设计评价标准，形成了当代铁路客站设计理论框架。

本书对当前一大批铁路客站设计与建设具有指导意义，可供客站建设、设计、研究及施工领域人员使用。

**图书在版编目（CIP）数据**

中国当代铁路客站设计理论探索/郑健等著．—北京：人民交通出版社，2009.2

ISBN 978-7-114-07532-2

I.中… II.郑… III.铁路车站：客运站—设计—研究—中国IV.U291.6

中国版本图书馆CIP数据核字（2008）第210423号

书　　名：中国当代铁路客站设计理论探索
著 作 者：郑　健　沈中伟　蔡申夫
责任编辑：吴有铭　曹延鹏
出版发行：人民交通出版社
地　　址：(100011)北京市朝阳区安定门外外馆斜街3号
网　　址：http://www.ccpress.com.cn
销售电话：(010)59757969,59757973
总 经 销：北京中交盛世书刊有限公司
经　　销：各地新华书店
印　　刷：北京雅昌彩色印刷有限公司
开　　本：787×1092　1/16
印　　张：12.25
字　　数：220千
版　　次：2009年2月第1版
印　　次：2009年2月第1次印刷
书　　号：ISBN 978-7-114-07532-2
印　　数：0001～4000册
定　　价：168.00元

# 目　录

CONTENT

## 第一章　绪　论


第一节 铁路客站的内涵及发展沿革　5

一、铁路客站的内涵　5

二、国外铁路客站的产生与发展　6

三、我国铁路客站的发展沿革　9

第二节 铁路客站设计及其理论的本体构成　13

一、铁路客站设计　13

二、当代铁路客站设计理论的本体构成　14

第三节 探索当代中国铁路客站设计理论的意义　15

一、我国当代铁路客站建设快速推进的需要　15

二、解决当代铁路客站建设中诸多复杂问题的需要　16

三、解决既有理论已不适应新型铁路客站设计问题的需要　16


## 第二章　当代铁路客站设计理论的内涵


第一节　当代铁路客站设计理论形成的背景　21

一、 经济社会的发展　21

二、科学技术的进步　23

三、铁路客站性质的改变　25

四、旅客对铁路客站环境品质需求的提高　26

第二节 当代铁路客站设计的指导思想与设计理念 27

一、当代铁路客站设计的价值取向与指导思想 27

二、当代铁路客站设计的设计理念 28

第三节 当代铁路客站设计的核心内容与基本方法 31

一、铁路客站设计的核心内容 31

二、铁路客站设计的基本方法 35

## 第三章 当代铁路客站规划与总体布局研究

第一节 我国以往铁路客站规划与总体布局 41

一、我国以往铁路客站的规划 41

二、我国以往铁路客站的总体布局 44

三、我国以往铁路客站规划及总体布局与当代社会需求的矛盾 44

第二节 当代铁路客站的规划研究 46

一、影响铁路客站规划的相关因素 47

二、基于铁路需求的客站规划要求 53

三、基于区域和城市经济发展的客站规划要求 58

四、基于综合交通体系的客站规划要求 60

五、当代铁路客站规划理论要点 61

第三节 当代铁路客站的总体布局 62

一、铁路客站总体布局的内容与相关因素 62

二、当代铁路客站总体布局发展趋势与特点 64

三、当代铁路客站总体布局模式 67

## 第四章 当代铁路客站的功能变革及流线特征

第一节 当代铁路客站功能变革概况 73

一、功能布局从“单一性”向“复合性”转化 74
二、流线模式从“等候式”向“通过式”过渡 74
三、运营方式从“管理型”向“服务型”转变 74
四、复合功能带来一体化的空间布局新模式 75
五、注重铁路客站功能的适应性研究 76
第二节 铁路客站三要素功能布局研究 76
一、客站广场的功能组织与布局原则 77
二、站房的功能组织与布局研究 80
三、站场功能组织与布局研究 92
第三节 不同铁路客站的功能差异性分析 95
一、不同规模铁路客站功能的差异性 95
二、不同类型铁路客站功能的差异性 97
三、不同性质铁路客站功能的差异性 98
第四节 与功能变化相适应的流线特征 98
一、铁路客站流线组成与设计 98
二、流线与空间组合模式的关系及发展历程 99
三、铁路客站流线设计的关键要素 102
第五章 当代铁路客站的空间形态设计与文化性表现
第一节 当代铁路客站的空间形态设计 111
一、铁路客站空间形态设计的创新背景与所面临的挑战 111
二、当代铁路客站空间形态设计的发展特征及关键要素 114
第二节 铁路客站设计的文化性表达 136
一、铁路客站设计中文化性表现的重要意义 136
二、铁路客站设计中的文化性表现 138
三、铁路客站文化性表达的探索与实践 142

第六章 铁路客站的运营变化与设计评价

第一节 当代铁路客站运营发展 155

一、我国铁路客站运营发展趋势 155

二、当代铁路客站运营管理中需要解决的主要问题 158

第二节 当代铁路客站设计的综合评价 164

一、主要建筑相关评价类型概述 164

二、当代铁路客站设计综合评价的背景和意义 165

三、我国既有建筑设计评价研究 167

四、当代铁路客站设计评价的价值取向及其复杂性 168

五、当代铁路客站设计综合评价指标探讨 171

六、铁路客站评价方法及评价过程的研究 177

后 记 185

参考文献 187

# 第一章

# 绪论

铁路客站是伴随铁路的诞生而产生的。一百多年来，随着铁路的发展，铁路客站的内涵及形式不断变化，逐步发展成为涉及专业面广、庞大复杂的系统工程。当前，随着我国经济社会的发展、城市建设的不断推进和各种交通方式尤其是铁路的快速发展，铁路客站不适应经济社会发展要求的问题越来越突出。国家批复的《中长期铁路网发展规划》显示，“十一五”期间，我国铁路将结合客运专线和长大干线建设，拆建和改建一大批铁路客站，以满足铁路运输与城市发展的需求。面对新型铁路客站建设的巨大需求，迫切需要与之相适应的客站设计理论的指导。本章详细阐述了铁路客站、铁路客站设计、铁路客站设计理论三者的概念内涵，归纳了探索当代铁路客站设计理论的重要意义，对全书的研究对象及写作目的进行了明确说明。

## 第一节　铁路客站的内涵及发展沿革

### 一、铁路客站的内涵

铁路客站一般由车站广场、站房、站场客运设施三部分组成，是铁路为旅客提供乘降集散服务的场所，是铁路运输的基本生产单位，是铁路与城市的结合点。随着时代的发展，铁路客站的内涵也在演变和发展。

铁路客站作为与人们日常生活紧密联系的交通建筑，是为旅客办理客运业务的场所，因此设有旅客候车和安全乘降设施，以满足旅客日益提高的方便、快捷、舒适乘车要求等。

铁路客站作为铁路运输的基本生产单位，是铁路与人民群众及国民经济各部门的重要联系环节，集中了与运输有关的各种技术设备，并参与了整个运输生产过程的工作。

铁路客站是铁路网的重要组成部分，也是“城市的门户”。因此，铁路客站不仅要在铁路网中发挥应有功能，还应满足城市与区域经济发展的需求，为城市发展和城市综合交通体系的健全和发展发挥应有的功能。要作为城市文明的窗口，铁路客站还应充分体现时代的物质文明与精神文明的发展水平。

## 二、国外铁路客站的产生与发展

### （一）19世纪30年代至40年代

早期的铁路客站非常简单，且功能单一，多数只是在铁路的路轨之上覆盖一个站篷为乘客遮挡风雨，基本上没有特定的空间形式和艺术特征可言。1830年建成的世界上最早的客站——英国利物浦的格劳恩车站就是该阶段客站的代表。随后，为满足不同层次旅客的各种需要，伦敦站、波士顿站（1837年）、帕丁顿站（1838年）、滑铁卢站（1848年）及王十字站（King's Cross，图1-1）等一些重要铁路客站中增设了提供餐饮和储藏货物的设施。

铁路客站的选址也因城市发展背景和规模而有所不同，伦敦、巴黎等欧洲城市，均把车站建在城市的周边，而美国则是在铁路客站周围发展城市。总之，以站台为主体是19世纪三四十年代铁路客站的最大特征。

图1-1　王十字站（King's Cross）

### （二）19世纪50年代至20世纪初

这一时期，随着铁路客运量的不断增长，铁路客站逐渐发展成为旅客心目中具有“城市门户”作用的标志性建筑。一些先进的建筑思潮和方法，以及代表当时先进技术的钢铁和玻璃等新兴材料被广泛应用于铁路客站的建设中，客站也随之蓬勃发展成为体态宏伟、功能复杂的建筑类型。这种客站的主体是巨大钢铁桁架，带有透光的玻璃屋顶，它体现了工业革命给钢铁业带来的巨大发展，而在许多铁制构件上采用的适度曲线装饰，则反映出“新艺术”运动的影响。

这个时期的铁路客站建设极力追求纪念性，讲究豪华气派，带有浓重的古典主义风格。其拥有宏伟华丽的主站房、豪华的候车厅以及跨度极大的月台大厅，明确地将客站划分为站前广场、站房、站台三部分，候车厅成为客站的主体，室内功能划分详细，有序地分为不同等级，体现了工业革命时期欧美资本主义国家极度膨胀的表现欲。历史上称这一阶段的铁路客站为“维多利亚式”（图1-2）。19世纪后期建成的伦敦圣·潘克勒斯站（图1-3）、巴黎总站、法兰克福总站、莱比锡车站以及建于20世纪初的华盛顿总站（图1-4）和意大利米兰中央火车站，都是这一时期的代表作。

图1-2　伦敦维多利亚车站

图1-3　伦敦圣·潘克勒斯站

图1-4　华盛顿总站

### （三）20世纪20年代至60年代

进入20世纪20年代，随着汽车、飞机等其他交通工具的快速发展和日渐普及，加之铁路自身存在的速度慢、效率低等问题，铁路的发展变得迟缓，铁路运输开始走下坡路，铁路客站的建设也陷入了低潮。与此同时，现代主义建筑运动对铁路客站设计产生了巨大影响，建筑一改过去规模庞大、装饰繁琐的风格，逐渐追求简化、紧凑和高效，一扫古典风格繁冗、沉重、空间昏暗的弊端，带来一股清新简洁的风气。客站的主体仍是旅客进站广厅和候车大厅两大空间，并以此联系其他辅助服务空间。与前一时期的不同之处在于，客站设计开始重视高效率的流线组织，减少不必要的空间和分隔，平面更加紧凑，使用效率大大提高。芬兰坦佩雷站和意大利罗马总站（图1-5）都是这一时期颇具代表性的作品。

20世纪50年代以后，以日本为代表的一些发达国家开始发展高速铁路，同时对城市中原有的铁路客站进行了大规模的改造和更新，使得铁路客站与城市公共交通的衔接更加方便快捷，其客运功能也日趋丰富。由于铁路旅客列车接发频率及正点

图1-5　意大利罗马总站

率的普遍提高，候车厅日渐萎缩，取而代之的是一个多功能大厅，旅客需要的大部分服务都能在这个空间内获得。这种复合的多功能空间，使得客站内部的流线组织进一步简化，缩短了旅客的滞留时间，同时也极大地提高了客站空间的使用效率，加拿大的渥太华车站和荷兰的鹿特丹总站都是这一时期的成熟作品。

### （四）20世纪70年代至今

20世纪70年代以后，由于能源危机、铁路技术的更新和城市交通结构的改变等原因，铁路运输出现转机，以低能耗、高效率、环保、安全等优势再一次迎来新的发展机遇。

伴随着高速铁路的发展建设，城市各种交通运输方式既有分工又相互合作，逐步形成了综合交通运输体系。铁路客站的内涵进一步扩展，一方面是铁路运输网络与旅客联系的界面，另一方面也是城市综合交通网络中客流集散的场所，具有运输组织与管理、中转换乘和辅助服务等多项功能。铁路客站在选址上更加注重与城市道路、城市轨道交通、公路、航空、水路等交通方式的结合，设计上通过立体化布局实现客站与站外交通的有机衔接，以及内部各种交通方式之间便捷有效的换乘。

西方当代铁路客站已不仅局限于解决交通问题，同时开始兼顾城市开发的需求，依托铁路客站本身功能促进城市开发。铁路客站的区位在宏观上与城市空间发展战略相协调，客站建设引导城市功能空间的合理分布，城市发展反过来又为客站带来商机，从而推动客站周边地区的发展建设，使之成为新的具有吸引力的城市区域，铁路客站的城市属性更加鲜明。

在建筑功能和空间设计上更加注重旅客的使用效率和心理感受，管理上以方便旅客为主。建筑形式日趋简洁，站内空间开敞通透，尽可能引入天然光源和自然通风；采用立体化的组织模式，千方百计地缩短旅客进出客站的步行距离，创造出便捷、通畅、高效的换乘条件；客站设计更加注重细节和人性化要求，综合考虑周到的服务设施，使旅客出行更加便利。

客站建造及设备大量采用新科技成果。采用先进结构技术及材料，大跨度结构代替了原来规模宏大、装饰浓重的巨型结构。同时，先进的节能技术及环保措施提升了客站的经济效益与社会效益，完善的售票体系以及现代化的旅客服务信息系统提高了铁路客站的服务质量和水平。

法国的里昂机场站、里尔站、艾维纽站、普罗旺斯站，德国的柏林中央火车站（图1-6）、斯潘道站、法兰克福机场站，奥地利的林兹站都是属于这个时期的典型作品。

图1-6　德国柏林中央火车站

## 三、我国铁路客站的发展沿革

伴随着铁路建设的发展，我国铁路客站建筑从无到有，并随着时代发展和科技进步而不断发展变化，充分反映了时代的演变和社会的进步。

### （一）旧中国的铁路客站

1888年年底，我国自办铁路中的第一个商埠站——天津火车站开始动工，标志着我国站房建筑发展的开端。

19世纪末至20世纪20年代，我国的铁路客站多为国外建筑师设计，基本上以沿袭和照搬西方国家模式为特征。客站规模小，内部功能简单，外观为具有西方列强各国特色的古典主义风格的大杂烩，坡顶、钟楼和拱券是其主要构图元素。其中颇具代表性的客站包括京汉铁路汉口大智门站、京奉铁路正阳门东车站及京张铁路西直门站。20世纪三四十年代，中国建筑师逐渐主导设计或参与其中，出现了外观中西合璧甚至完全模仿中国传统建筑式样的铁路客站，如天津西站（图1-7）和老杭州客站。

图1-7　天津西站

总体而言，旧中国铁路建设客站数量少、功能简单、质量低，建筑形式多为线侧平式，外观、空间上多侧重装饰，实用性低。

### （二）建国初期的铁路客站

新中国成立后，我国铁路取得了长足发展，开创了铁路客站建设的新纪元。这一时期，我国新建和改建了北京站、广州站、韶山站、长沙站和南京站等一大批铁路客站。这时期的铁路客站内基本没有商业空间，站房候车厅的设计借鉴了前苏联铁路客站模式，适应了当时的客运状况，更重要的是在当时能源、设备相对有限的情况下，这样的候车厅空间，基本满足了采光和换气的要求。

大型客站在空间形态上追求纪念性，以体现新中国的形象，多采用对称、高大、庄严的形象，其杰出代表当属1959年

9月建成的北京站（图1-8）。作为新中国客站开山之作的北京站，其功能流线、空间组织及具有民族色彩的建筑形象，在此后很长一个时期内对我国铁路站房设计产生了深远影响。

图1-8 北京站

在这一时期，除少量特大型客站外，多数客站规模较小、功能简单，客站设计呈形式化和程式化的特点。在建筑造型方面，由于铁路客站一般都是所在城市为数不多的重要公共建筑，因此在厉行节约的前提下，也十分强调其作为城市门户的形象功能。

### （三）改革开放后的铁路客站

20世纪80年代是改革开放后，伴随着我国国民经济的快速发展，学术界汲取国外先进成果创造具备了更有利的条件，因此这一时期的客站建设，借鉴了发达国家的设计，并引进了不少国外设计理念和建筑形式，先后建成上海新客站（图1-9）、天津站（图1-10）、北京西客站、成都站、郑州站等一大批铁路客站。

这一时期大型客站的显著特征是高架候车室，综合服务建筑前后相联、紧密结合，重视商业服务。高架候车厅的出现，使得铁路两侧双向进站成为可能。候车厅的修建不需要另外占用站前广场或城市用地，候车厅容量扩大并简化。

铁路客站在选址、规划、设计方面开始从城市的长远发展进行考虑，统一布局、统筹安排。客站一改过去单一的上下车功能，开始向满足旅客多种需求的多功能综合型方向发展，站内设有餐厅、旅馆、文化娱乐、商业以及各种服务配套设施，与20世纪六七十年代相比，具有了明

图1-9 上海新客站

图1-10　天津站

显的市场经济特征。

建筑材料和技术得到更新，客站建筑具有美观先进的特点。另外，自动扶梯、电梯等高效快捷的运输工具以及自动化管理系统的运用将流线组织得更加快捷合理。1998年落成的杭州站，第一次把铁路客站建筑放在铁路、城市和城市交通这个综合大系统内进行思考，从方便旅客换乘的角度出发，真正做到将站场、站房和站前广场统筹规划、一体设计，杭州站的建成使该时期铁路客站的水平达到了一个新高度。

由于参照西方和日本等发达国家商业综合体车站的形式设计，建筑体量巨大，立面宏伟壮观，满足了当时各地展现城市时代风貌、体现现代化建设成就的形象要求，但同时也带来了一定的负面问题。这种西方经济体制促成的商业综合体形式，与当时中国的铁路运输特点不相适应，因此在使用中并未达到预期的效果。

### （四）新型铁路客站

2003年以来，我国开始加快铁路客站建设，为了更好地指导新时期客站的建设，铁道部提出了“功能性、系统性、先进性、文化性、经济性”的“五性原则”。在这一原则的指导下，设计和建成了北京南站（图1-11）、上海南站（图1-12）等一批大中型现代铁路客站；新广州站（图1-13）、上海虹桥站（图1-14）、武汉站（图1-15）等一批以客运专线为主的城市综合交通枢纽的建设也正在实施。这些设计作品，充分反映了当代铁路客站的巨大变革。

当代铁路客站的定位已从单一的铁路客运作业场所和“城市大门”向多元化的城市综合交通枢纽转化。铁路客站设计与城市规划紧密结合、相互协调，选址科

图1-11 北京南站

图1-12　上海南站

图1-13　广州站

图1-14　上海虹桥站

学合理，注重与其他交通方式换乘的便捷性，尤其重视与城市轨道交通的协调与配合，为实现“零换乘”提供可能。总体布局上充分结合城市空间环境特征，以可持续发展为出发点，强调系统集成，实现整体最优布局。

客站设计重视以人为本的设计理念，注重旅客心理、行为需求，在功能组织上普遍采用多层面立体的一体化空间布局形式，如广场交通采用立交方式组织、内部空间采用立体叠合布局，力求创造适应交通视觉需求的通透开敞、导向分明、环境舒适的开放式大空间，以充分满足旅客日益提高的方便、快捷、舒适的乘车要求。客站运营管理也从“管理型”向“服务型”转变，客站格局从“重站房轻雨篷”逐步趋向于“站篷一体化”；站房客站流线模式从“等候式”逐步向“等候与通过并存”过渡。

更为重视铁路客站建筑的文化性和地域性特征，建筑造型及内部空间融合环境文脉、体现地域特色，塑造中国铁路文化，文化性表现已经成为当代铁路客站设计的一项重要评判标准，也是我国新时期铁路客站的形象特征之一。

注重技术创新以适应新型客站的造型

图1-15　武汉站

及空间需求，“桥－建合一”等技术手段在大中型客站的建设上广泛应用。采用先进的节能环保技术，确保客站全寿命周期的良好运作。应用电子自动化售票方式及多种信息技术设备，使新型铁路客站逐步实现车次“公交化”、售检票“地铁化”、服务“机场化”等新特征。

## 第二节　铁路客站设计及其理论的本体构成

### 一、铁路客站设计

铁路客站设计是集政策性、技术性、经济性、艺术性于一体的综合性学科，是多专业、多工种互相协调的系统工程，是总体性很强的技术工作。

铁路客站设计的任务是贯彻和落实我国铁路客站设计的指导思想，把为旅客创造安全、便捷、舒适的乘车环境，全面满足旅客的服务需求具体落实到项目中。铁路客站设计的主要内容包括：客站的功能定位，站址、规模和标准的设定，总平面设计和站前广场、站房、车场设施三部分的具体设计。铁路客站设计的程序与一般建筑工程项目设计基本一致，包括：预可行性研究与可行性研究、方案设计、初步设计、施工图五个阶段。同时，但铁路客站的设计作为民用建筑的一种类型，又与铁路车场和线路的设计密切相关，往往受到铁路建设程序的影响，也具备自身的一些特点。

在铁路综合项目的预可行性研究与可行性研究阶段，根据项目的总体要求，主要解决铁路客站的功能定位和选址、规模和标准的确定、客站的站型论证以及与城市规划的对接条件，这些工作都为客站方案设计工作的开展提供最基础的条件。可行性研究批复后，进入到客站方案设计阶段，可采用方案征集、方案竞标或直接委托设计的形式来寻求具备整体解决思路的最佳方案设计，在此基础上通过优化、完善来完成实施方案。初步设计、施工图阶段的工作与建设部关于设计深度与内容的要求基本一致。需要注意的是，铁路客站虽属于民用建筑涉及的范围，但又与铁路运输工艺相关的线路、站场的设计密切相关，在设计中具备较强的系统性，设计必须突出解决整体性问题。

## 二、当代铁路客站设计理论的本体构成

### （一）铁路客站设计理论概述

理论是人们由实践概括出来的关于自然界和社会知识的有系统的结论，也可以说是对某种经验现象或事实的系统解释，它是由一系列具有内在联系的概念、基本原理以及对这些概念、原理的论证组成的知识体系，是系统化的观点体系。

铁路客站设计理论来自于铁路客站设计和运用实践，是在归纳分析既有客站的经验教训和分析认识未来客站发展方向的基础上，形成的对铁路客站设计的指导思想、设计理念、核心内容以及基本方法的认识、系统概括与总结。它是以铁路客站建设实践为研究基础，对实践过程中重要思想的集中体现和归纳总结，是发展与建设当代中国特色铁路客站的理论基础。

从本章第一节可见，铁路客站随着经济社会的发展而发展演变，指导铁路客站设计的理论也在不断发展之中。当既有客站设计理论已经落伍，不足以指导面向未来的铁路客站设计时，就要对其进行必要的修正和创新。

### （二）铁路客站设计理论的结构

构成理论的要素一般包括概念、联系这些概念的判断（即基本原理）以及由这些概念和原理推演出来的逻辑结论。其中，概念和基本原理构成了理论的核心元素。概念是名词、术语，并包含着对事物内涵与外延的规定。以概念为基础，对事实进行分类和分析，概括或假设它们之间的逻辑关系，并给予合理的解释，称之为原理。原理是对概念基本关系的反映，是一种表现为科学判断的思维形式。

在当代铁路客站设计理论中，包含了一个相互关联、相互包含的概念体系，它的核心理念与当前我国社会普遍遵循的基本价值观相一致，即“以人为本”和“可持续发展”。这是以铁路客站为研究对象，对铁路客站设计总体矛盾的一般性本质的规定，是贯穿于铁路客站设计理论各组成部分的基本脉络，是构成当代铁路客站设计理论的基石。铁路客站设计理论的主体概念，则是对当前铁路客站设计总体矛盾各主要方面、组成部分的规定，主要包括：铁路客站规划与布局的系统性与前瞻性、功能与流线的合理性与高效性、空间形态与文化表现的适宜性与人文性、运营管理的先进性与经济性、评价标准的实用性等。这些主体概念围绕核心理念组成一个有机的系统，并与设计理念一起共同确立起当代铁路客站设计理论体系的基本框架。

因此，当代铁路客站设计理论探索

是以“以人为本”和“可持续发展”作为论述体系的核心理念，通过判断和推理使概念逐次具体化，在由抽象概念向具体概念的推演中一步步展开铁路客站设计最本质的规定，探索逻辑关系，形成初步结论，以指导当前大规模铁路客站设计的具体实践。

### （三）铁路客站设计理论的分层

对当代铁路客站设计理论的探讨，可以从宏观、中观和微观三个层面展开。在宏观层面上，主要研究提出当代铁路客站设计理论观察问题、分析问题的理论视角和理论背景；在中观层面上，以铁路客站设计的主要组成部分和主要问题为研究对象，提供一个相对具体的分析框架；在微观层面上，主要分析解析铁路客站设计中更为具体的经验现象，并为解决具体问题提供具体的指导和技术。本书将在第二章重点研究讨论宏观层面的指导思想、设计理念以及中观层面的核心内容、基本做法等问题，提出客站设计理论的分析框架、基本脉络以及总体性认识；在第三、四、五、六章论述铁路客站设计中所需要研究的各类具体问题，明确问题的来源，定性或定量确定有关变量和变量之间的关系，并提出可选择的分析问题的技术性方法。



## 第三节　探索当代中国铁路客站设计理论的意义

理论具有解释和预测功能，并起到指导实践的重要作用。探索当代中国铁路客站设计理论的意义和价值就在于寻求解决当前铁路客站建设所面临的几大关键问题的有效途径。

### 一、我国当代铁路客站建设快速推进的需要

伴随着我国铁路建设的迅猛发展，铁路客站建设正迎来一个快速发展的重要战略机遇期。同时，原有一批铁路客站因为规模、功能、布局以及周边交通、环境已不能适应当前的运用要求，大批铁路客站需要新建、改建甚至拆除重建。据统计，从2003年开始到今后一个时期，我国计划建设铁路客站1000余个，铁路客站规划与建设呈现出又好又快的发展势头。近年来，尽管涌现出了北京南站等一批适应国情条件、符合时代特征、传承优秀文化、应用先进技术、具有世界先进水平的新型

铁路客站。但是，对铁路客站设计理论的研究与探索远远落后于实践，理论的滞后一定程度上阻碍了铁路客站建设的健康有序发展。当前快速推进的大规模铁路客站建设，急需对其实践经验进行总结和分析，把握规律，升华理念，面向未来，不断丰富和完善当代我国铁路客站建筑设计理论，从而更好地指导设计实践。

## 二、解决当代铁路客站建设中诸多复杂问题的需要

我国城市规模不断扩大，交通量和交通工具数量快速增长，大型铁路客站与城市其他交通方式的关系已成为直接影响城市建设和发展的重要问题。铁路客站在城市中的地位和所扮演的角色因此而发生了重大变化，其功能更为复杂，面临的矛盾与挑战越来越突出。社会、公众和城市管理者对铁路客站的综合交通功能、城市开发功能和体现文化特征等方面的要求将越来越高，对铁路客站空间的心理感受要求也大大提升，从而对铁路客站总体规划、功能布局和站房建筑的设计提出了更高的要求。面对当代铁路客站建设的新问题、新要求，迫切需要适应解决当代铁路客站建设复杂问题的理论支持和理论依据。

## 三、解决既有理论已不适应新型铁路客站设计问题的需要

当前经济社会的发展、科学技术的进步、铁路客站定位的转变以及人民需求的提高，对铁路客站设计理念、规划思想、布局方式、功能组织、形态设计、运营管理、评价标准等都带来重大影响，铁路客站设计趋向大型化、综合化、复杂化。传统铁路客站理论关于广场、站房和站场之间的分布关系和程式化的功能布局方式，对于复杂交通网络条件下客运站房与多模式交通的换乘模式以及低效率的等候式旅客流线设计、停车场型车辆流线组织，都不再能满足新型客站的功能要求。同时，传统客站理论对于客运站房建筑的技术需求、铁路枢纽客站的综合开发模式等方面，均缺少综合性的系统文献著作及相应的技术标准。另外，由于我国经济社会结构与国外有很大不同，国外较为成熟的设计理论亦不能直接运用于我国的客站设计。因此，在当前大规模铁路建设中，为避免资源浪费，提高设计质量，就必须充分研究新型铁路客站的整体功能与社会需求，认真总结经验教训，研究新的设计理论方法，为当代铁路客站的设计提供有益的参考和借鉴。

第 二 章

# 当代铁路客站设计理论的内涵

以往我国铁路客站受综合国力和铁路发展水平的制约，形式单一、设施简陋、管理落后、候车环境较差的问题长期得不到改善。21世纪以来，在经济社会发展和科学技术进步的推动下，我国铁路迎来了大发展的机遇期，铁路客站建设也随之进入快速发展阶段。在新形势下，铁路客站的功能需求和设计要求已经与以往大不相同。要使客站建设适应新的时代需求，必须首先转变设计理念。本章在对铁路客站设计理论形成背景进行深入分析的基础上，归纳总结了当代铁路客站设计理论的指导思想、价值取向、设计理念、关键内容以及基本方法。

## 第一节　当代铁路客站设计理论形成的背景

任何理论都是基于特定的问题和背景构建形成的。研究探索当代铁路客站设计理论，首先需要探究理论所指向的关键问题，以及分析导致这些问题的情境和背景。可以说，新的问题构成新的理论发现的起点，研究问题的价值就在于导向发现新知。因此，当代铁路客站设计理论形成的背景是探索构建当代铁路客站设计理论体系的重要前提和基础。本节重点从我国经济社会发展、技术进步、铁路客站性质变化及人们对环境品质需求变化等方面分析了客站理论形成的背景。

### 一、经济社会的发展

#### （一）当今时代对铁路客站建设的紧迫而现实的需求

铁路交通运输是国民经济的重要组成部分，是经济社会发展的重要支撑条件，是人民生活水平和生活质量的构成要素。随着我国城市化、市场化、国际化进程的进一步加快，经济效益显著提高，特别是20世纪90年代以来，经济快速发展促使人口流动加剧，且出现了特有的“民工潮”和“春运”等现象，旅游业也得到空前发展。这些新的国情变化带动了全社会铁路客运需求的迅猛增长，城市与铁路交通负荷日益沉重，现有枢纽客站数量少，无法满足路网和城市规模快速扩大和旅客列车开行数量快速增长的需要，客流高峰时期主要铁路干线上旅客列车严重超员，“一票难求”的现象长期得不到根本改善，这就迫切需要发展铁路运输生产力，快速扩充铁路运输能力，提升技术装备水平，突破铁路运输“瓶颈”制约，为适应和满足经济社会又好又快发展和提高人民生活水平的需要提供可靠保证。当前，随着《中长期铁路网规划》的实施，一大批新建客运专线、城际铁路正在快速推进，铁路客站作为铁路网和铁路枢纽的重要节点、联结铁路与城市的纽带，以及其激活和带动城市区域经济发展的重要角色，同步加快设计与建设十分必要。这就需要集中新建和改建近千座铁路客站，以满足日益增长的旅客运输需求。如此巨大的铁路客站建设需求，迫切需要一套与之相适应的设计理论支撑。

此外，从中国的现实情况来看，铁路客站设计与其他类型的大型公共建筑相比，所关联的影响因素和需要解决的问题可以说最为错综复杂：一方面，当代中国的铁路客站建设很难找到横向的参照系，因为我国有着与西方完全不同的现实——不仅现实的需求完全不同，发展的速度与模式完全不同，而且，客站建筑所承载的来自几乎社会所有层面的审美与社会价值期待更是为中国所独有；另一方面，客站建设在纵向展开的是突进式的发展，有着大量的工程建设实践和设计创作积累，在这个过程中，必须具有反思过去、审视当前的自我调整意识。铁路客站作为我国功能最复杂、接待容纳力最大的公共性建筑，需要解决长途大负载大比重客流、变化极大的季节性出行人流、集中安检及售检票需求、与城市所有交通模式的衔接与换乘、与城市的融合、客站自身的技术创新等一系列问题。这些都极大地促进了铁路客站设计观念的转变及规划、布局、功能及形态的变革。

### （二）不断增强的国民经济实力为高标准铁路客站建设提供保障

铁路是投资较大的基础设施，它的建设和发展依赖于国民经济实力的增长。改革开放30年来，我国经济社会建设取得巨大成就。经济的腾飞，保证了大规模铁路建设的全面展开，建造一批百年不朽的铁路客站已开始全面实施。

近几年，许多投资金额巨大、享誉全球的建筑名作纷纷在我国落成，较具代表性的有CCTV大楼、国家大剧院、奥运主会场“鸟巢”、国家游泳馆“水立方”、T3航站楼等等。新型铁路客站由于标准、体量、功能、形态的变化，建设投资超出了传统铁路客站的投资，尤其是特大型综合铁路客站，其建设投资相当巨大。不断增强的国民经济实力为高标准铁路客站建设提供了强有力的保证，也为我们在其设计理论体系的探索中建立更加开放的视野、确定更加先进的标准提供了条件。

## 二、科学技术的进步

### （一）铁路技术进步促进了铁路运输方式的变革和铁路客站格局的改变

20世纪70年代，伴随着全球性能源危机和环境恶化问题，铁路以其特有优势再次复兴，各国争相开发新型高速铁路系统，最高运行时速达到200km/h的铁路，在距离100~600km的城市之间极具竞争力。目前主要有三种高速铁路系统（日本的新干线、法国的TGV和德国的ICE）在全球18个国家中运行。

铁路运输技术的发展对铁路客站设计的影响是显而易见的。由于速度和线路技术的不断创新，列车的接发频率大大提高，铁路客站的运营模式发生巨大变化，正逐步向公交化发展。这些变化直接实现了旅客在客站内滞留时间大大缩短、站房空间由过去的等候式的静态空间逐渐向通过式的动态空间过渡。新型铁路客站和以往的普通车站相比，较为明显的变化是，出现了过去没有的高架式站场，改变了以候车厅为中心的组织格局，建立了以进站综合大厅为中心的新格局。铁路客站全新的面貌既要体现在令人耳目一新的外观风格上，更应体现在高效便捷、服务完善的内部功能布局上。

### （二）建筑技术发展给新型铁路客站建筑设计提供了技术支撑

结构技术的发展为新型铁路客站的空间形态设计提供了强有力的技术支撑，从而使建筑空间更加开敞，视线更加通透，环境更加舒适，也成就了一批造型独特、结构形式复杂的铁路客站。

新型铁路客站分为地上地下多层，大多体量大、跨度大、空间高，大跨度空间甚至无柱空间、新型雨篷、屋面体系等结构形式大部分采用了钢结构或钢管、钢骨混凝土结构，部分客站还采用了“桥—建合一”的形式，与传统站房采用的钢筋混凝土或者预应力钢筋混凝土结构相比，技术更为复杂。

太阳能光伏发电系统技术、冷热电联供技术、热泵技术等先进的节能技术，节能门窗以及采暖空调、减振降噪等建筑设备，合理的照明与装饰系统等在铁路客站设计中应用愈加广泛。虽然相应地增加了客站建筑的初期建设投资，但对建筑能耗进行了有效控制、削减了噪声，从客站长期运营管理的投入角度来看是值得的。同时，新技术新设备也带来铁路客站屋顶造型、立面设计、内部空间及环境设计等一系列设计问题的变革。

大面积的幕墙和金属、玻璃材料在

客站设计中的使用越来越普遍，与传统客站的石材、混凝土材料相比，更适应现代结构技术的特征，利于客站多元化形态的塑造，在室内空间环境设计上，粗糙的、光滑的、闪亮的或亚光的、木材纹理或金属色泽等材料的应用，都是为了能够激发和愉悦人们的感受，力求改变传统客站封闭、沉闷的印象。同时，高分子材料、结合节能环保技术的墙体材料等新型材料的使用，克服了以往造价高、能耗大的缺点，适应当今时代节能环保以及可持续发展的需求。

施工工艺是将设计技术变成建筑实体的关键。近年来，我国铁路客站工程体量、规模、空间跨度都在不断创造新高，客站的建设施工除常规的房屋建筑专业外，还涉及桥梁、地铁、铁路线路工程的施工，表现出多专业协作、施工难度大的特点。这些难题在客站建设之中得以顺利解决，依靠的就是施工技术和工艺的不断进步与发展。

装饰施工是创建精品工程的重要方式，施工的过程要考虑精准的放样、与功能设备或末端的精确配合、与安装系统的协调、实际的排版要求以及各种工序的搭接等等。随着施工工艺逐步趋于科学合理，材料浪费、施工返工现象的减少，我国建筑立面的装修、室内空间环境的布置、细部处理的处理等都达到国际先进水平。

### （三）服务设施更新与改进促使客站功能组织方式以及管理模式的改变

作为中国铁路客运现代化的重要标志，铁道部于1996年6月正式启动建成了铁路客票发售和预定系统，自此，传统的手工售票作业方式逐渐被取代。同时，在网络信息系统的支撑下，铁路客站管理模式向现代市场营销思路拓展，建立众多售票网点，开辟多种售票查询方式，如网上订票、电话订票、自动售票系统、自动检验票系统、客站电子显示查询系统等，大大减轻了客站售票厅日常集中售票的压力。因此，传统的集中设置在车站的售票厅出现了分散和弱化趋势，售票厅在客站流线上的位置也日益相对独立出来，出现新的建筑空间组合模式。

此外，客站指示系统、旅客客运信息综合平台系统、标识导向系统、建筑智能化控制系统等等现代科技及信息手段的运用，先进的乘降服务设施，行李托运业务等，也使旅客通过客站的速度加快，候车空间逐渐由“等候”向“通过”过渡，客站运营管理模式向开放、高效转变，运输经营水平和服务质量不断提高，管理向着不断创新的方向发展。

## 三、铁路客站性质的改变

### （一）铁路客站成为综合交通网络的重要组成

今天的铁路交通与其他交通方式之间的关系是联合为主、竞争为辅，以往单纯竞争的局面不复存在。当前，铁路客站逐步合理地与机场、长途汽车站、城市轨道交通车站、客运港码头等城际间客运形式互相联结，并以汇集各类对外交通方式的综合节点的形式存在，便于旅客选择最适合自身的交通路线和工具，同时也使各种对外交通在利用市内交通资源方面实现共享。这种综合交通网络的形成为铁路交通带来很好的发展机遇，同时也使整个交通网的效率大大提高。

铁路客站是城市的一个重要组成部分，客站设计的总体定位应符合城市建设的快速发展要求，成为城市交通体系的重要构成。客站在城市总体规划中，应重点考虑与城市布局相适应，解决好城市公共交通系统与车站的联系，从整体着眼，将车站与地铁、公交、出租车等各种城市交通用不同的方式有机组合，使它们既相对独立，又融为一体，尽力实现内外交通之间的“零换乘”。

### （二）铁路客站作为城市综合交通枢纽的地位逐渐明确

随着城市轨道交通运输方式在我国各大城市的快速发展，并且迅速承担了30%~40%的城市公共交通量，其与铁路之间的接驳、换乘，必然成为铁路客站设计中需要特别关注的问题，而当代大型城市客运交通也由此发展成为以铁路、城市轨道交通、各种城市道路交通的交叉立体衔接为主要特征的现代化综合交通体系。在这一体系中，铁路客站已由单一为铁路运输服务的建筑，发展成高效率、快节奏，以换乘为主导，带有综合服务性质的城市综合交通枢纽，从“城市的大门”演变成为新的“都市中心”，同时这一城市综合交通枢纽也往往作为城市内部交通的一个重要的换乘接点。

当代铁路客站的定位，已经从城市的门户向多元开放的城市交通枢纽转变，其设计已不能局限于建筑单体本身，而应在更大的范围内统筹考虑车站广场、站台、雨篷、跨线设施、各类行车生产运输用房的合理规划布置，并与周边的城市公共交通设施和主要建筑物相协调，使之成为能够体现所在城市地域特色和文化、以客运服务为主的城市内外交通换乘中心和铁路与城市的有机结合点。综合换乘形态下对建筑空间提出更高要求，铁路客站的管理模式也将借鉴其他交通建筑模式特点，向车次“公交化”、售检票“地铁化”、服务“机场化”方向发展，并努力营造出一个舒适、便捷的乘车环境。

## 四、旅客对铁路客站环境品质需求的提高

### （一）人们对建筑文化的认识及需求不断提高

中国经济的快速发展以及与国际交流的不断扩大，促进了国内外建筑文化的交流与对话，同时也引进了全球化的新功能、新科技、新材料、新设备等等，我国铁路客站设计与建设进入了一个以国际化为背景的全新发展时期。在带来世人瞩目的巨大成就的同时，也出现不少难以挽回的问题：国际化在某种程度上压抑了民族性和地域性，致使许多城市的客站建设缺乏自己的地域文化特色；各地新建客站几乎都呈现出共同的特征，譬如大体量、大空间、大屋顶、大高架、大玻璃幕墙、大广场等等，千篇一律，千城一面。因此，要充分表达铁路客站作为铁路窗口、城市门户以及城市区域、城市副中心的精神内涵，在其形态设计中深入挖掘和表现文化内涵并使其成为城市文化地标，是铁路客站形态创作中必须着重关注的设计原则。当代铁路客站作为铁路服务旅客和社会的窗口，承载着文化和文明的历史使命，相对于传统客站，旅客对于新型客站所营造的时代感、地域特色、文化场所、空间体验也有着更高要求。

### （二）人们对客站环境品质的要求不断提高

随着社会的进步和人民物质生活、精神文化水平的不断提高，日常生活的流动性越来越高，人们出行行为方式也发生了深刻变化，不但要求提高出行效率、省时省费，而且对环境品质、出行安全与服务质量的要求也越来越高。必须将不同交通方式共同承担的运输全过程作为有机的整体，默契配合、有机衔接，尽量缩短换乘时间和换乘距离，优化环境品质，保证在每个转换的环节中都能为人们出行提供安全、快捷、方便、舒适与经济的高质量服务。

客站环境品质还应考虑旅客的心理需求，更加重视客站细部的人文关怀。进、出站通道采用更为明亮的照明环境，在空间中为旅客指引主要交通方向，通过光环境营造“安全”的心理感受，对车站内部从进站大门的宽度和开启方式，旅客楼梯扶手间距和踏步高度、售检票栏杆形式乃至售票窗口的高度等每个细微之处都需从旅客感受角度进行认真推敲、细细琢磨，

最大程度地为旅客创造现代化、高品质的出行经历。

## 第二节　当代铁路客站设计的指导思想与设计理念

### 一、当代铁路客站设计的价值取向与指导思想

指导思想是铁路客站设计的灵魂，是形成铁路客站设计理念的基石，从而科学、正确地指导铁路客站设计。当代铁路客站设计指导思想的转变是社会文明发展的要求，是市场竞争、行业生存的必然选择，也是重视铁路客站建设、提高铁路客站水平的初衷。

#### （一）铁路客站设计的价值取向

铁路客站建筑是社会经济、政治、文化的载体，自出现以来，其形式内涵一直就受到所处时空的社会价值取向的影响，而价值取向又受社会、政治、经济、文化状况的深刻影响,并随社会的发展而改变。

过去几十年里，受经济社会发展水平和国民经济实力的影响，我国铁路客站设计一直遵循的是国家在1953年提出的“适用、经济，在可能条件下注意美观”的建筑方针。这一方针的价值取向的重点放在“适用”和“经济”上，适用突出的是使用功能，包含了坚固、安全的含义，经济的核心含义则是要少花钱，而在“美观”前面加上了“在可能条件下注意”的限制条件，是受当时国力条件制约，强调铁路客站设计应侧重于解决“有”、“无”问题，对于美观则要在适用、经济原则的指导下尽力而为。

改革开放以后，在我国经济迅速发展、科学技术不断进步、人们物质文化生活不断丰富的同时，也呈现出人们思想空前活跃，需求层次日益增加，社会急剧转型，社会结构、社会地位和利益格局不断调整的复杂社会形态。面对迅速发展的市场经济、深刻变化的社会现实和错综复杂的社会矛盾，国家提出了以人为本，全面、协调、可持续的科学发展观。这既是我国对经济社会发展规律认识的升华，也是对人类文明进步理性化的哲学总结；既是关于自然、经济、社会协调发展的现实方略，也是人与自然、资源、环境相互协调的历史选择，从本质上反映了人类向文

明迈进和理想社会形态发展的最高价值追求，其中蕴含着哲学范畴内人的本质问题以及人类存在的基本价值目标、价值信念、价值取向。可以说，以人为本、可持续发展的观念已成为当代中国各项经济社会活动最基本的价值取向。当代铁路客站设计理论正是以此为前提和基础进行延伸和展开的。

### （二）铁路客站设计的指导思想

当代铁路客站设计的指导思想是，坚持以人为本和可持续发展的核心理念，以人的需求为出发点，通过合理规划、精心设计，为旅客提供方便、舒适的乘车环境，快捷、便利的换乘条件和人性化的优质服务；以可持续发展为原则，统筹铁路、城市及社会各方需求，协调近期需求与长远发展，兼顾投资与效益、先进性和适用性，力求铁路客站整体最优。

## 二、当代铁路客站设计的设计理念

铁道部针对当代铁路客站设计建设提出的“功能性、系统性、先进性、文化性、经济性”的“五性原则”，传承了古今中外建筑设计的基本原则，又赋予了新时期的新要求，是当代铁路客站设计理念的核心内涵。本书依据客站设计的指导思想和“五性原则”，提出以下设计理念。

### （一）以人为本，服务旅客

注重铁路客站的功能性，也就是注重人的使用需求。对功能的设计要以旅客为核心，这是未来所有客站设计的基本理念。“以人为本”是铁路客运的根本宗旨，是铁路客运的出发点和立足点。以往客站设计突出“以管为主”的理念，侧重于客站管理的便捷，而忽视了对旅客的尊重，甚至人为设置许多关卡，将交通流线的关键部位进行局部压缩以方便管理。按照客站设计新的指导思想，应转变为一切以旅客为中心，尽最大努力地为旅客提供最快捷、最方便、最便利舒适的乘车环境，要把有限的空间、环境、资源最大限度地利用好，并将最大、最好的公共空间让给旅客。在当代铁路客站设计中，从“等候式”向高效率的“通过式”或“等候与通过并存” 过渡，从传统的“重站房，轻雨篷”逐步趋向于“站篷一体化”，从封闭的站房到通透的大空间，从机械采光通风的室内空间到重视生态的自然和人工环境，从呆板乏味的形态，到“客站文化品质”的提升，均满足了对当代旅客在时间效率、交通流线、空间功能以及环境体验等方面的要求。

### （二）系统集成，整体最优

铁路建设项目本身就是一个大的系统工程，铁路客站是铁路运输网中的枢纽。

注重铁路客站设计的系统性，不仅是指铁路客站内部各种设施间的有机结合，更重要的是指眼前与长远，铁路客站与既有铁路、城际轨道、高速铁路、地铁、航空、城市其他交通间的有机结合、系统优化。我国既有铁路客站多是按照“铁路运输终端”来设计，功能较为单一，以考虑铁路运输为主，部分大型客站虽然也承担公路长途客运、市内交通换乘功能，但主要仍是办理旅客乘降等客运业务和旅客列车到发整备等技术作业的场所，与城市功能的联系并不紧密。当前社会需要铁路客站成为“以铁路客运为主体，多种交通方式衔接共存、换乘便捷”的城市综合交通枢纽。这就要求我们更新设计理念，以“系统集成，整体最优”为目标，努力实现“人性化、零换乘”的大众需求，大力发展各种交通方式有机衔接，超越传统观念，打破行业和部门界线进行创作设计，使当代铁路客站设计符合社会、城市发展及旅客出行的整体最优的系统性需要。

### （三）服务社会，先进适用

注重铁路客站的先进性要求，是强调设计中的前瞻意识。随着铁路客站的大型化、综合化、复杂化，铁路客站对城市经济发展、交通网络建设的综合影响越来越大。服务社会、先进适用的理念，要求正在规划和建设中的客站，无论是站房规模、功能布局，还是站场的设置，一定要融入前瞻意识，要以社会大环境作为客站设计的背景，采取开放而不是自我封闭的发展态度，对客站进行更全面综合的再定位，突出客站与城市区域发展、城市环境的密切关系以及城市地标的作用，注重人文关怀，注重现代化，注重节能环保，注重客站的全寿命周期发展，要使其在未来较长的时间内能够满足运输服务的需求。服务社会、先进适用的理念还要体现在站房内部设施的完备和现代化上，要用科学、先进、适用的新技术、新工艺解决站房大跨度、大空间等一些技术难题，要充分考虑建筑的节能、环保设计，将可持续发展的指导思想融入到设计中。服务社会、先进适用的理念，还要求引进先进的运营管理模式，由封闭式管理转变为开放式管理，由传统的旅客管理型，向为旅客主动服务型转化，既保证基本运输功能的有效开展，又追求可持续的经济发展。

### （四）形神兼备，承载文化

注重铁路客站设计的文化性，是突出体现建筑的品质。建筑属于艺术范畴，是社会艺术和组织空间的艺术，不能千篇一律。没有文化的作品是没有生命力的，只有民族的东西，才能走向世界。在全球文化相互交流、冲击的时代背景下，以及随着铁路客站在城市中综合作用的日益突出，当代铁路客站成为时代政治、经济、文化的高度凝聚体，在城市及交通发展中有其特殊地位，承载着城市文明标志的使命。注重铁路客站设计中的文化性，就是要将铁路客站建筑作为"文化载体"，充分表达地域特征、人文特色、时代风貌等文化性因素，要通过立面造型反映地域特色，融合环境文脉，在内部空间反映现代交通建筑特点，体现建筑文化，要用有限的构图元素、有限的基本组合图形，创造出经得起历史考验，经得起社会检验，具有民族神韵、地域文化底蕴的交通建筑精品。

**（五）合理投资，注重效益**

建立节约型社会，是树立和落实科学发展观的一个重要战略举措。铁路客站建设也一样，要建设好，要出精品，同样也要有适合发展阶段的节俭理念。注重铁路客站建设的经济性就是强调要合理地控制和使用投资，该花的钱要用好、用到位，不该花的钱一分也不能多花。好的设计创作不是高档、豪华建材的简单堆砌，设计师要为业主当好家，要精打细算。从一定意义上讲，一栋建筑的造价水平是体现一个设计师综合设计能力和水平的一把尺子。

综上所述，"以人为本，服务旅客"就是要满足旅客使用需求，这是落实科学发展观的必然要求；"系统集成，整体最优"就是要解决客站内外各个部分的有机组合，这是使客站功能最大限度发挥的关键；"服务社会，先进适用"贯彻了与时俱进的精神，强调在技术、工艺、设备方面要有前瞻意识，这是使客站功能持久发挥的保证；"形神兼备，承载文化"是衡量铁路客站文化价值和精神价值的重要标准，其中蕴含的文化底蕴，是赋予铁路客站建筑持久生命活力的必要条件；"合理投资，注重效益"的经济性要求则融合在其他四个方面之中，是建设节约型社会基本国策的要求，也是反映综合设计水平的重要标志"五性"中其他原则都不能脱离经济性这一前提条件，这是建设节约型社会这一基本国策的要求。总之，铁路客站的功能性、系统性、先进性、文化性、经济性是一个辩证统一的有机整体，它们既密切联系，又相互制约；既相辅相成，又互为前提、不可分割，体现了客站建设中继承传统与发展创新的统一，追求物质功用和精神价值的统一、满足时代要求与顺应国情条件的统一、"五性原则"蕴含着深厚的理论基础和哲学原理，既是规律概括，又是明确要求；既是经验总结，又是设计方法和准则。

# 第三节　当代铁路客站设计的核心内容与基本方法

当代铁路客站的性质发生重大转变，由单一客运功能的客站和“城市大门”转变成“综合交通枢纽”，研究对象被重新定位，需要研究的核心内容和基本方法，都应在综合全面地探讨客站与城市的关系，客站定位改变所带来的规划、功能、形态、空间以及运营管理的变化的基础上来展开。可以说，铁路客站角色的改变决定了铁路客站设计理论核心内容及其方法的变革。

## 一、铁路客站设计的核心内容

铁路客站设计的核心内容包括：铁路客站设计的规划与总体布局、功能与流线、空间形态与文化表现、运营管理研究、评价标准与指标五个大的部分。其理论层面的探索主要在于：分析各部分需要解决的专业问题、研究影响其变化的关键要素，以及当代铁路客站设计理论指导思想下的相应变革内容。每一部分既有独立的理论结构，又相互联系、相互制约，不能简单割裂，从而构成客站设计理论不断发展的有机整体。

### （一）研究规划与总体布局的相关理论

铁路客站规划理论与总体布局是客站设计的起点，涵盖了两个层面的问题。一是铁路客站的规划理论，包括客站选址与定位、多客站模式中客站分工规划、客站在城市中区位的规划、客站与城市道路及城市轨道交通的衔接等内容；二是铁路客站总体布局研究，包括与客站相关的各组成部分的规模需求分析、客站总体布局模式及各交通方式换乘模式的确定、客站与城市道路的衔接模式及功能空间布局等内容。

由于当代铁路客站功能扩展及定位变化，其承载的功能不断增加，已从相对单一的铁路运输功能向涵盖铁路运输、城市综合交通枢纽以及城市综合体功能转变。影响和牵制客站规划的因素越来越多，并形成复杂而庞大的系统工程。这个系统是不断变化发展的，必须寻求适宜的方法，分类、预测这些变化，以便更好地控制它们。铁路客站规划布局作为对这一系统的分析与控制形式，它自身必然也是动态和变化的，并具有一定的前瞻性。因此，客站规划理论应摒弃以往割裂、相对固化的思维与方法，树立发展的眼光，建立系统性和动态的思维方法，深入研究基于铁路需求的客站规划要求、基于区域和城市经济发展的客站规划要求以及基于综合交通需求的客站规划要求，并分析相关要求对客站规划的影响及与之相适应的客站规划原则，提出满足并协调各方面要求的铁路客站规划指导思想。此外，随着当代铁路客站总体布局向立体化组织、各种功能复合化、使用空间的人性化、地下空间的统筹利用以及中小型客站的简单化等发展趋势，当代铁路客站总体布局模式也需根据客站的这一发展趋势及布局特点，归结为平面布局、站房与站场立体布局、广场立体布局与站房、站场立体布局的组合模式和综合式立体布局等多种布局模式共存的态势。

### （二）研究功能布局与流线组织的方法体系

功能是指研究对象能满足某种需求的一种属性，铁路客站功能是指铁路客站满足社会需要的各种性能的总和。流线是铁路客站设计的关键，流线的设计与组织是否合理，不但影响铁路客站的作业效率和能力，也直接关系到客运设备的运用及交通枢纽的服务质量和水平。功能布局与流线组织是铁路客站设计中最核心的环节。在理论探索中，重点研究铁路客站功能定位的演变，功能变革的要点以及铁路客站广场、站房、站场三个要素的功能布局，是当代客站的流线设计的关键。

当代铁路客站在功能方面出现了新的变化：客站从单一功能向复合功能转化，候车模式从“等候式”向“通过式”过渡，空间中服务设施的布置由“管理型”向“服务型”转变、复合功能带来一体化的布局新模式，铁路客站更加适应功能发展需求。客站设计开始朝着简化、紧凑、高效的方向发展；针对功能变革，流线特征也经历了从二维到多维的发展。流线组织中，除了遵循互不交叉、便捷合理、明确清晰的基本原则，还要着重体现应对当代营运模式的通过性和应对新功能、新空间的导向性。

当代铁路客站的功能与流线设计，需要建立与之相适应的新的设计方法与策略，要突出“以人为本，服务旅客”的设计理念，把有限的空间、环境和资源最大限度地利用好，选择合理的建筑空间组合模式，整合设计一个流线明确清晰、短捷通畅、环境舒适宜人、空间容量充分、标识导向明确、服务设施完善、细节设计人性化以及智能化趋势的现代交通建筑，并结合经济社会发展和城市规划，分析铁路综合交通枢纽流线构成、设计要点及发展趋势，分清主次、把握未来，用发展的观点进行流线的设计和组织。

### （三）研究空间形态与文化表现的思路途径

空间形态与文化表现首先是基于内部功能要求而来的，是对功能的充分体现。空间形态设计是一种将功能、技术、经济、审美等一系列内外因素融合并物化的复杂创作过程，是将在功能、技术、经济等方面的理性认知，与受时代审美意识影响的感性认知的整合。探究当代铁路客站空间形态设计变化的关键，需要从其创作语境的变化，功能、技术、材料等引发的物质内因变化、审美意识引发的精神内因变化三大层面来展开。

对于创作语境的变化，最核心的就是经济社会发展和国情特点所引发的对铁路客站建设的迫切需求。同时，不断增强的国民经济实力、更开阔的视野和对文化特色的更高认知成为支撑变革的"硬件"与"软件"背景。

从引发当代铁路客站空间形态变化的物质内因来看，最重要的关键点有以下几方面：首先是向"通过式"转变产生的复合型大空间形态要求，以及客站界面内外关系的形态融合要求，产生出集散—候车—站台为一体的复合型大空间、一体化站篷、出挑雨篷、地下站房等一系列形态组合上的创新变化。其次是结构观念与技术的创新带来的变化，引发了超大跨度结构、桥—建合一综合结构、多维变曲面形态、结构细部表现的统合等无数耳目一新的结构—形态合一的成果。最后，就是对材料、室内环境设计、综合景观等方面变化发展的分析，这是对上述两点进一步扩充。

当代审美价值表现出既具有多元化与个性化，又尊重历史、顺应地域特征的特点。从赋予当代铁路客站空间形态个性特色的精神内因来看，其重点在于如何从多元化时代审美中形成有效的选择和表达，在公共审美期待和个性风格中获得平衡是其关键，多样化统一的整体性审美趋向是一种现实原则。将上述原则落实到对的文化表现上，可以发现将整体性、时代性、地域性进行统一性的考虑和平衡，是当代铁路客站空间形态设计发展中对文化性表达的关键原则和出发点。通过围绕客站本身展开的系统研究，可以梳理出较为完整的从功能到空间形态创作的系统发展框架，形成对我国当代铁路客站功能形态变化较为深刻的理解，也为创造性地发挥提供更广阔、更自由的空间。

### （四）研究运营管理的适应性策略

铁路客站运营研究与客站设计相互关联密切。设计为运营提供物质空间载体，运营为设计提出明确的功能需求，并在一定程度上检验着设计的合理性。因此，铁路客站运营是客站各组成部分充分发挥作用、正常运转的保证。对运营的研究是客站设计面向长远发展、适应相关变化的前瞻性判断，也是铁路客站设计理论“自省式”发展的必要途径。换句话说，铁路客站设计既要研究既有的客站运营需求，还要结合新的客站设计理念的要求，超越运营现状，引导运营管理向更先进的方向发展。在新时期客站建设背景下，运营需要适应客站功能、设备等多方面的变化。主要包括：传统客运作业的“售票、乘降、服务、行包”在方式、内容上都有新的变化；客站客流、实际及预期需求动态变化的运营适应；“零换乘”、“大空间”对应的新型运营管理模式；新技术和新设备带来的运营影响。运营研究应注重与这些变化相对应的适应性策略，探索提出高水平旅客服务的途径和设计要求，保证铁路客站预期设计目标的实现，提高枢纽整体能力和效率发挥。

### （五）建立铁路客站设计的综合评价标准

建立适宜的铁路客站设计评价标准，是探索提出当代铁路客站设计理论体系最终的落脚点。我们在实践基础上探索研究形成铁路客站理论体系，其根本目的不在理论本身，而是要探讨用新的理论指导新的实践。在本书研究中，我们尝试在形成清晰的理论框架并得出相应逻辑结论的基础上，建立形成切合实际的设计评价标准体系，包含了当代铁路客站设计评价的价值取向、评价指标体系以及铁路客站评价程序方法等内容，采用量化和非量化指标体系对铁路客站设计成果和运营效果进行分析、测评，得出评价结论，力求通过切合铁路客站设计实际特征的评价标准的提出，系统检验客站设计的合理性与可行性，真正起到对今后的铁路客站设计实践给予更加清晰、明确的指导作用，不断促进铁路客站设计水平的提高。

我们所需要的评价标准是全过程的标准，主要体现在两个方面：一是针对铁路客站设计的全过程来尝试建立评价铁路客站设计的标准体系，用以评价设计成果的优劣与其适宜性，并为当代铁路客站设计所急需的一系列设计规范与设计细则的修编提供重要参考和依据；二是针对铁路客站建成后的运营效果，在其建成一段时间后开展必要的后评估，用运营的实际情况检验设计的合理性，提出有价值的评价结论，为今后其他铁路客站设计提供借鉴。

建立当代铁路客站设计评价标准是一个复杂问题，由于标准的理论基础尚处于探索之中，还不完善，按照新思路建成的铁路客站也还不多，还有许多有待时间和实践检验的问题，需要在实践的基础上不断探索和发展。本书在第六章第二节重点就设计综合评价指标体系的建立进行了相对系统的阐述。

## 二、铁路客站设计的基本方法

建设一个功能强大、系统完备、先进适用的客站，需要用与时俱进的设计理念来支撑，需要以全面合理的设计内容来组成，也需要用先进优化的设计方法去实现。为此，客站设计理论在研究分析需要解决的设计问题的同时，也在进一步探索相应的解决策略及基本方法，以确保快速、有效地完成新型铁路客站设计这一项复杂的系统工程，满足时代、社会及文明发展的需要。

### （一）以需求为依据

铁路客站设计理论提出了客站设计的基本依据，即面对不同的设计问题，始终坚持以满足经济社会发展带来的城市、铁路及大众的需求变化为目标，更新设计理念，采用适宜的解决方法，不能照搬国外模式或过于重视政治因素，盲目求新求变，求大求高。对需求的分析一定要建立在客观现实的基础上，同时应具有发展的战略眼光。比如对客站站址的选择、规模的确定、总体布局的方式确定，应建立在我国目前及未来的铁路网的建设需求、城市经济的发展需求、出行人群数量及特征的需求等基础上，功能与空间形态的设计更是要满足人群使用及心理需求，注重细节设计，注重人文关怀。此外，设计完成后是否满足各种需求，也是作为铁路客站综合评价的衡量标准以及有效合理地开展运营管理的前提。

### （二）加强系统协作

为使铁路更好地服务社会与大众，新型铁路客站设计发生了重大变革，设计的涉及面更加广泛，是一个集数十个专业于一体的复杂系统工程。比如，在铁路客站中引入地铁、城市道路；客站设计中需要大量应用地下结构、桥梁结构等专业技术，设计时将它们与房屋建筑结构整合起来，形成统一的结构设计体系。铁路客站自身建设呈现复杂化、高标准化的趋势，需开展多功能整合设计、节能设计以及环境设计。设计中要充分考虑多种相关专业的影响因素，在形成一个整体系统目标的前提下，合理组织铁路、地铁、轻轨、机场、码头、城市道路、市政设施及建筑领域的配合，在理念上强调系统协作、注重多专业的配合设计，在方法上依靠多专业设计院联合设计，将不同的设计层面和设计内容融为一体，做到密切配合、协调统一，注重设计整合。

### （三）强调技术创新

铁路客站作为代表时代先进科学技

术、引领时代设计潮流的标志建筑物，随着当代科学技术的不断发展与创新，其设计内容与方法都发生重大变化，更多领域更先进的技术更广泛地渗透到铁路客站设计实践中。如应用量化分析技术，在站房内外部空间及人、车流通道设计中引入“交通量”、“客流量”的概念，采用定量分析和软件模拟的方法，确定客站各部位的规模，以满足新型客站对通过性的要求；在大中型铁路客站空间形态设计上，大跨度结构技术支撑、“站桥合一”结构体系、节能环保技术等先进的技术手段得到广泛应用。要注意吸收国内外先进的设计思想和方法，并在此基础上不断创新。

第 三 章

# 当代铁路客站规划与总体布局研究

对铁路客站规划与总体布局的研究是客站设计的起点，也是铁路枢纽规划与城市规划相互耦合、多项影响因素相互博弈的逻辑过程和推演结果。其包含两个层面问题：一是在铁路客站的规划理论中，需研究客站数量与规模规划、多客站模式中客站分工规划、客站在城市中的区位规划、客站与城市道路及城市轨道交通的衔接规划等内容；二是在铁路客站总平面布局中，则涉及客站各组成部分的规模需求分析、客站总平面布局模式及各交通方式换乘模式的确定、客站与城市道路的衔接模式及功能空间布局等内容。本章在总结我国以往铁路客站规划理论与总平面布局特点，并分析以往理论与当前社会需求矛盾的基础上，探析了基于铁路需求、区域经济和城市发展、综合交通需求等方面的客站规划要求，归纳了当代铁路客站规划理论内涵，提出了当代铁路客站总体平面布局的发展趋势、布局原则和布局模式。



# 第一节 我国以往铁路客站规划与总体布局

## 一、我国以往铁路客站的规划

### （一）基于铁路网与铁路枢纽的客站规划理论

铁路客站是铁路网和铁路枢纽的重要组成部分，特别是大型客站，在铁路网和铁路枢纽中占有重要地位。铁路枢纽是在铁路各线交会处或与其他交通线路连接处，以客运站、编组站、货运站、客货共用站、客车整备所、机务段、迂回线及连接线等技术装备构成的铁路综合设施，一般设在铁路网点或网端。其作用主要是汇集并交换各衔接线路的车流，为城镇、港埠和工矿企业的客、货运输服务。枢纽按其规模大致可分为大型枢纽（一般位于特大城市或大城市）、中型枢纽（一般位于大城市或中等城市）和小型枢纽（一般位于中等城市或小城市）。

在铁路线路规划及可行性研究阶段，枢纽和客站规划是一项非常重要的内容。一般首先根据拟新建线路的走向及等级、沿线城市的重要程度、既有线网及枢纽情况、拟新建线路运营组织模式及与既有线的衔接等规划条件，确定拟新建铁路沿线枢纽和车站在线网上的布局。然后结合沿线城市的既有铁路线网情况和城市规划，进行枢纽总图规划和车站的选址。枢纽总图规划依据引入线路的方向、数量和技术特征，客货运量的流向、大小和性质，既有铁路设施的情况，结合城市地形地貌条件及城市规划来确定。枢纽按引入线路方向和方式，主要车站的相互位置可分为顺列式枢纽、三角形枢纽、环形枢纽、组合式枢纽等多种形式。在选定枢纽内客运站位置时，兼顾了铁路运营及城市规划要求，注意方便旅客运输，与衔接的各线路有便捷的通路，与城市中心区及其主要干道以及办理客运业务的车站间有便捷的联系，注意与城市规划相配合，尽量减少对城市的干扰和拆迁工程，结合地形、地质条件，力求节约工程投资。此外，枢纽内客站设置的数量应结合客流性质、客流流量、城市规模、枢纽结构、当地条件等情况来确定。

### （二）以往铁路客站在城市中的区位理论及实践

铁路客站区位是指铁路客站在城市中的位置。我国以往比较有代表性的铁路客站的区位理论是《城市规划原理》（第三版）和《城市道路与交通规划》中的观点："铁路客站的位置要方便旅客，提高铁路运输效能，并应与城市布局有机结合。铁路客站位置要适中，靠近市中心，在中、小城市，可位于市区边缘，大城市则必须深入城市，位于市中心区边缘。一般认为，客站距市中心2～3公里以内是比较方便的，即使超过一些距离，只要城市交通便捷，也能达到使用较便利的要求，在距离较远且交通不便的情况下，客站位置的使用就会不方便。"

以往的铁路客站基本上是按照上述客站选址原则及理论在城市中选择区位的，如北京站、上海站、天津站、广州站、沈阳站、哈尔滨站等我国多数大城市的铁路客站，均布置在所在城市的市中心区，或市中心边缘处（距市中心1～3km）；南京站、成都站等客站虽超过了3km的距离，但城市交通便捷，也能保证使用较便利的要求。20世纪90年代以来，随着我国铁路网建设的加快推进，一些特大型铁路枢纽城市在保留或改建原客站的基础上又陆续新建、改建了第二铁路客站。这些客站总体上还是按照"方便旅客，提高铁路运输效能，并应与城市的布局有机结合"这一原则进行区位选择的，如北京西站距市中心4.5km、沈阳北站距市中心3km、广州东站距市中心7km。

### （三）以往铁路枢纽客站数量及规模的确定

以往我国铁路枢纽城市一般设置一个将各方向铁路干线相互衔接和交汇的客站，这样管理和使用都比较方便。但在下列情况下，有时铁路枢纽设置两个及以上客站：对于客流量大的特大城市，有较多的铁路干线引入时，只设一个客站客流过于集中，站区周边交通难以疏导；对于一些城市市区分散或被江河分割，各区客流均很大，在具有单独开设客运站的条件时，只设一个客站不便于整个城市的使用；对于改建既有枢纽，当原有客站不具备发展余地，只能承担部分客运业务时，也需新建客站时。

以往铁路客站客流规模是通过运量预测分析得出的。铁路客站及枢纽的设计年度远期为交付运营后第10年。枢纽总布置图设计除按交付运营后第10年的运量和运输性质确定远期主要建筑物和设备的配置及规模外，尚应根据10年以上远景规划情况，预留发展条件。而客站建筑规模是根据预测的客站最高集聚人数和高峰小时发送量来确定的。

### （四）以往铁路客站的功能定位及衔接交通方式

我国以往铁路客站的主要功能是输送旅客，为旅客提供乘降和中转等服务。部分大型客站内设有长途客运站，也承担着公路长途客运功能。此外，一些区位条件较好、离市中心较近、市内交通接驳体系较为完善的铁路客站（如上海站、广州站），市内交通的换乘量也比较大。从2000年对广州站的调查和2003年对上海站北广场的调查，两个车站的市内交通换乘量都达到了车站换乘总量的70%。因此，这些铁路客站还承担着市内交通换乘功能。从其他非交通运输功能来看，我国一些铁路客站承担商业服务（如成都站人民商场北站分场）、宾馆服务（如成都站的汉都酒店）、游憩（如面向玄武湖的南京站广场）等城市功能，这些功能往往与铁路运输功能紧密相连，以为铁路旅客服务为主。

我国铁路客站衔接的交通方式主要有长途客车、公交、出租、旅游车、社会车辆（单位车和私人小汽车）等，一些大型的客站（如北京站、上海站、广州站等）也衔接了城市轨道交通，但这些客站与城市轨道交通基本上采用的是站外换乘模式，旅客在铁路与城市轨道交通两种交通方式之间的换乘不够紧密。

### （五）我国以往铁路客站规划存在的问题

综上所述，我国以往铁路客站的规划理论从铁路网与铁路枢纽规划角度和城市规划角度分别进行了一些分析和论述。基于铁路网与枢纽的客站规划主要是以方便铁路运输、兼顾城市规划为基本要求的，且是基于传统铁路技术特点和运输组织模式确定的。而城市规划理论对铁路客站规划的研究，主要是基于我国大城市第一铁路客站选址对客站在城市中的区位进行的分析，而关于铁路客站对整体城市功能更新、交通体系完善以及城市经济发展的影响的研究并未真正进入客站规划关注的范畴。此外，由于“规出多门”，各个规划更多地是从部门的本体角度出发，规划与规划之间缺乏应有的协调性，因此，基于传统客站规划条件下的规划成果，缺乏应有的系统性。

## 二、我国以往铁路客站的总体布局

### （一）我国以往铁路客站总体布局原则

我国以往铁路客站布局基本上是按照“功能分区、地籍清晰、易于实施、便于管理、节约投资”等基本原则进行的。一般将旅客换乘、客流集散、购票、候车、乘车的功能分别布置在不同的平面位置，通过分区来实现各种功能。从地籍及用地类别来看，分属于不同部门的铁路用地、长途客站用地、交通广场用地、商业用地、旅馆业用地等各类用地边界清晰，各自独立。此外，我国以往铁路客站设施布局一般还遵循易于实施、便于管理、节约投资等基本原则。

### （二）我国以往铁路客站总体布局要求

我国以往铁路客站总体布局基本上是按照《铁路旅客车站建筑设计规范》（1995年版）的原则进行的，具体为：符合城镇规划要求，合理确定建筑用地；分区明确，联系便捷；合理利用地形，节约占地；特大型、大型站根据客流方向，宜分区布置公交站点；城市干道不应平面穿越站前广场；当站前广场有地下铁道车站或地下商业服务设施时，宜设置与旅客地道相连的通道；当分期建设时，宜预留接口；通过式站型的站房，其中心线宜与基本站台长度的中心线接近。

### （三）我国以往铁路客站总体布局模式

我国以往铁路客站的布局模式主要以平面式为主，如北京站、成都站等。平面布局模式客站的广场、站房和站场三大部分在平面上依次布置，形成三段式的布局结构。近年来，一些新建的大型铁路客站（如上海站、北京西站、杭州站、沈阳北站等）采用了立体式布局模式，即广场的立体布局或站房与站场的立体布局，但这类客站的数量相对较少。

## 三、我国以往铁路客站规划及总体布局与当代社会需求的矛盾

### （一）大规模铁路建设及铁路运量增长与大城市客站数量的矛盾

新调整的中长期铁路网规划明确提出，铁路网要扩大规模，完善结构，提高质量，快速扩充运输能力，迅速提高装备水平。到2020年，全国铁路营业里程达到

12万公里以上，复线率和电化率分别达到50%和60%以上，主要繁忙干线实现客货分线，基本形成布局合理、结构清晰、功能完善、衔接顺畅的铁路网络，运输能力满足国民经济和社会发展需要，主要技术装备达到或接近国际先进水平。随着铁路网建设，尤其是客运专线和城际铁路建设的加快推进，铁路枢纽所在城市引入铁路干线数量将快速增加，铁路客运量也将随着经济社会发展和路网系统的不断完善呈现快速增长的态势。对于大型铁路枢纽城市而言，单客站模式难以满足多方向、多模式（客运专线铁路、客货共线铁路、城际铁路、跨区域干线铁路）、大规模的铁路客运需求。因此，多客站模式是大型铁路枢纽城市的必然选择。

### （二）客站服务能力及区位与旅客出行的矛盾

我国大中城市的"第一铁路客站"一般具有靠近市中心、可达性好的区位条件。但从现状来看，这些客站大部分是采用传统的设计理念规划建设的，存在着功能不完善、换乘不便捷、客站与周边城市道路衔接不顺畅等突出问题，不能较好地满足居民使用铁路出行的要求。此外，这些客站多位于城市旧区，一些城市由于旧区更新滞后，站区周边环境较差，旧区道路交通系统不完善，也影响了这些客站的使用，如上海站北广场。

相对于"第一铁路客站"，我国大城市的"第二铁路客站"一般具有相对完善的布局模式及设施条件，旅客在客站内候车、检票上车以及不同交通方式换乘的便捷程度均有所改善。从已建客站区位来看，随着城市半径的增加，大城市"第二铁路客站"距市中心的绝对距离较之于"第一铁路客站"有所增加，且不同城市"第二客站"距市中心距离不尽相同，如北京西站、沈阳北站距市中心比较近，而广州东站距市中心则相对较远，这在一定程度上是由于广州东站是与城市新区建设相互依托形成的结果。客站的区位是由多种因素决定的，但客站距市中心和主要客流源点太远，客站的可达性差，将会使旅客的使用非常不便，如秦沈线设计时，沿线地方政府根据规划，要求线位距城市较远，尤其是锦州南站距城市南侧超过15km，而锦州地区的主要客流来自于市区及其北侧附近县市的旅客，城市向南发展缓慢，造成旅客出行十分不便。此外，客站距城市中心区过远，配套建设的城市路网和城市轨道交通短期内无法实施，也使客站的使用受到一定的影响。

### （三）传统"铁路运输终端"功能与"城市综合交通枢纽"功能要求的矛盾

我国以往铁路客站多是按照"铁路运

输终端”来设计的，以考虑铁路运输为主，但当前需要铁路客站特别是大型铁路客站成为“以铁路客运为主体，多种交通方式衔接共存、换乘便捷”的城市综合交通枢纽，这之间存在较大矛盾。这就要求我们更新设计理念，以“人性化、零换乘”为目标，打破行业和部门界线，系统进行铁路客站的更新改造，以客站功能变革需求为导向，采用合理客站布局方案，完善配套设施。

### （四）客站传统布局模式与节约城市建设用地、控制拆迁成本要求的矛盾

我国城市以往铁路客站多采用平面式布局，广场为了能够在平面上满足各种交通方式换乘、停车及景观营造等相关功能要求，一般尺度较大，占地较广。而平面式布局模式站房和站场在同一平面平行布置，也占用了较大的建设用地。因此，铁路客站传统的总体布局模式与节约建设用地、控制拆迁成本原则之间不协调，也越来越不能适应高地价城市的建设要求。

### （五）季节性客流特征与铁路客站适应能力的矛盾

由于我国文化传统和法定节日的安排，“春运期间”、“黄金周”等节假日时期客流明显激增，特别是春节，每年都是对铁路旅客运输的严峻“考验”。从目前来看，广州、上海、成都、重庆等大城市铁路客站在春运期间服务能力严重不足，难以适应季节性客流要求。

## 第二节　当代铁路客站的规划研究

铁路客运网络规模及技术标准的提高、区域及城市经济发展、客站功能定位的改变，使当代铁路客站的规划条件及所面临的问题越来越复杂。在这些条件及问题中，很多是以往铁路客站规划理论难以有效应对的，如客运专线、城际铁路、普速铁路的建设，使铁路枢纽城市的客站规划面临着客站的数量和规模如何确定、新站如何选址、多客站如何分工等新问题；区域及城市发展，要求铁路客站规划能够成为引导城市新区发展和旧区更新的重要手段，并满足城市功能空间规划等要求；铁路客站由“铁路运输终端”到“城市综合交通枢纽”的功能定位演变，要求铁路客站成为城市内外交通网络多模式交通的换乘

节点。面对越来越复杂的规划条件和问题，不能仅站在铁路运输角度或城市规划角度简单分析，而应该站在更高层面去审视和把握，以系统工程的方法，科学分析各种相关因素，按照“系统集成、整体最优”的原则，在统筹复杂的规划条件及因素、兼顾各方要求的基础上，探索当代铁路客站的规划理论。

## 一、影响铁路客站规划的相关因素

铁路客站的规划需研究铁路枢纽所在城市中铁路客站数量与规模，多客站模式中各客站的分工，铁路客站在城市中的区位，铁路客站衔接交通方式及衔接模式等相关因素。这些因素紧密联系、互相制约，在规划时应统筹考虑、系统决策。

### （一）铁路客站数量与规模规划研究

铁路枢纽中对客站数量与规模的规划是铁路客站规划的重要内容，其主要与枢纽客流的性质和流量、城市规模、枢纽结构、城市布局、客站建设条件和各种交通方式联运要求等因素有关。

#### 1．客站数量及规模的确定与铁路枢纽客流性质、流量相关

铁路枢纽乘降客流比例越高、客流量越大，对客站数量及规模的要求越高。枢纽乘降客流量与城市规模、铁路在该城市综合交通体系中所占的地位以及枢纽在铁路网中的作用与分工密切相关。可见，城市规模在一定程度上对铁路客站的数量有影响，中小城市一般设置一个铁路客站就能满足铁路客运需求，而对于大城市和特大城市，要依据具体情况确定铁路客站数量，根据铁路建设较发达国家的经验，大城市内一般应设多个客运站，如巴黎、伦敦、柏林、莫斯科、东京及纽约所设客站数量，按人口计40～100万人设一处客站，按城市面积计算约每100km$^2$设一个客站。根据我国中长期铁路网规划要求，为满足快速增长的旅客运输需求，建立省会城市及大中城市间的快速客运通道，规划“四纵四横”等客运专线以及经济发达和人口稠密地区城际客运系统。随着客运专线网络的逐步建设，处于“四纵四横”干线上的铁路枢纽内的客站数量及规模必然呈上升趋势。

#### 2．铁路客站数量及规模的确定与铁路枢纽结构、城市布局相关

铁路枢纽结构与城市布局关系密切，铁路枢纽结构应在满足自身作业要求的同时，结合城市布局规划要求进行铁路枢纽的系统性规划，二者对铁路客站数量及规模都有影响。如一些城市市区布局分散、呈狭长带形或被江河分割，各区客流均很大，在具有单独开设客运站的条件时，可采用多客站模式。

### 3．铁路客站数量及规模的确定与铁路客站建设条件相关

如改建既有枢纽，当原有客站无发展余地，只能办理部分客运业务时，需规划建设新建客站。

### 4．铁路客站数量及规模的确定与多种交通方式联运要求相关

考虑铁路与航空交通方式衔接等因素，国外一些城市直接把一个铁路客站引入航空港，扩大了大型航空港服务范围，实现了多种交通方式间的高效联运。目前正在建设的上海虹桥客站与航空交通方式实现了紧密衔接（图3-1）；在规划研究阶段的项目还有京津城际铁路引入天津滨海机场项目。

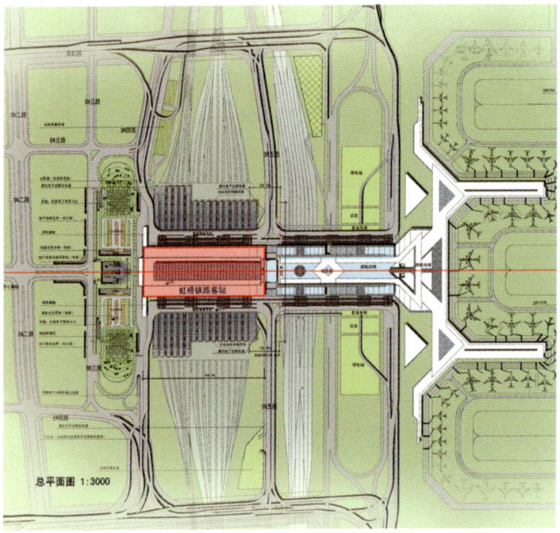


图3-1 上海虹桥铁路客站与虹桥机场的紧密衔接

## （二）多客站模式中客站分工规划研究

对于采用多客站模式的铁路枢纽城市，各客站的分工规划是客站规划的重要内容。客站分工包括主、辅分工和承担铁路客流（或铁路客运作业）分工两个方面，二者是相互关联的。各客站分工的影响因素很多，包括铁路客站现状布局及分工、铁路枢纽规划的线路引入情况及枢纽总图布置、城市布局、备选客站位置的建设条件等。

### 1．铁路客站主辅分工

所谓铁路客站的主、辅分工，是明确了铁路枢纽多客站体系的规模结构，铁路主客站一般是指枢纽内承担主要客流方向的大型客站，铁路辅客站一般是指枢纽内承担次要客流方向或辅助主客站承担主要客流方向的客站。上海市将枢纽内客站规划为“四主三辅”，四个主客站为：上海站、上海南站、虹桥站、浦东站，三个辅客站为：上海西站、松江站、安亭站（图3-2）。

### 2．铁路客站承担客流分工

铁路客站承担客流分工，可按三种模式进行分类：一是可以按不同线路接入方向的进行客流分类；二是可以按城际铁路客流或跨区域铁路客流进行分类；三是可以按客运专线（高速铁路）客流或普速铁路客流进行分类（图3-3）。根据承担客流的类型，可将铁路客站分为客运专线（高速）客站、城际铁路客站、普速铁路客站和综合铁路客站等。

图3-2　上海铁路枢纽客站规划图

在考虑各客站分工时，应结合铁路枢纽内客流组织方式，明确各客站服务的客流类型，采用集中与分散相结合、分工与协作相结合的原则确定各铁路客站的分工。首先是集中与分散的结合，集中有利于不同类型铁路客流之间的中转和换乘，分散则有利于按照不同类型的客流要求，合理地选择站址，方便乘客乘车，并减少引入铁路枢纽干线或连接线的长度。其次是分工与协作的结合，比如国外一些城市的铁路客站是按照客流的方向（或引入线路方向）进行分工的，各客站都布置在其所办理到发作业线路的引入方向上，使铁路客站可以有效地向城市中心区延伸，客站之间由发达的城市轨道交通网络相连如图3-4、表3-1所示。此外，对途外附属时间的敏感性也是铁路客站分工的因素，如对于主要服务城际客流和高速铁路客流的铁路客站，由于主体客流对途外附属时间较为敏感，宜将其选址在接近城市中心的区域或主要的客流集散源（如大型航空港），以压缩乘客的途外附属时

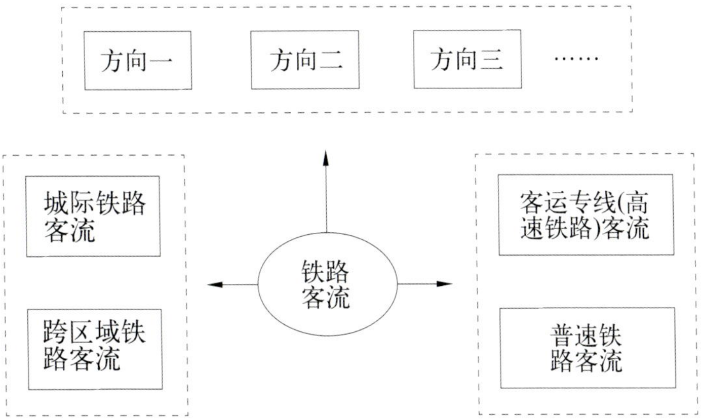


图3-3　铁路枢纽内客流分类示意图

间；而对于服务跨区域的普速铁路客流的客站，由于其客流对途外附属时间的敏感性相对弱一些，且其占地规模一般较大，并需就近配置机务段、客车整备所等配套设施，因此，该类客站的选址可适当离市中心远一些，但也应配套规划完善城市交通接驳系统，提高可达条件。

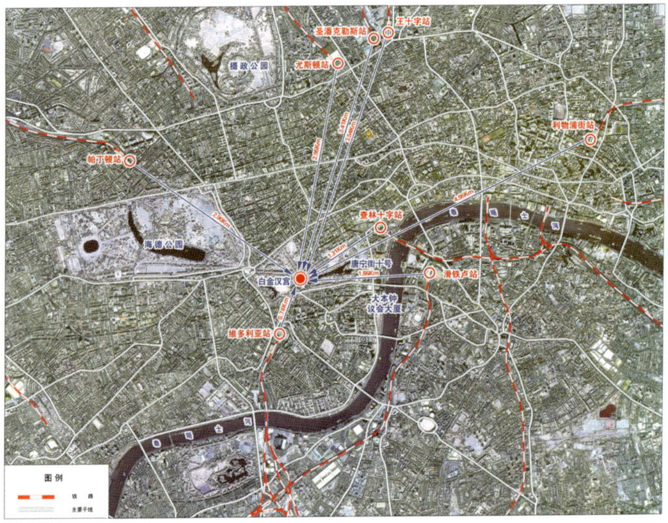


图3-4　伦敦铁路枢纽主要客站分布图

伦敦铁路枢纽主要客站接驳方向　表3-1

| 站　名 | 接　驳　方　向 |
| --- | --- |
| 维多利亚站(VICTORIA) | 英格兰东南部海岸地区，包括布莱顿(Brighton)、多佛(Dover)、普斯茅斯(Portsmouth)等地。与盖特威克机场(Gatwick)有很好的衔接 |
| 查林十字站(CHARINGCROSS) | 主要以通往英格兰东南部福克斯顿、哈斯丁等地的路线为主，班车以通勤车和短程列车居多 |
| 滑铁卢站(WATERLOO) | 主要连接伦敦西南地区，英法海底隧道的欧洲之星快车的始发站 |
| 利物浦街站(LIVERPOOL STREET) | 主要是通往英国东部与北部的门户 |
| 王十站(KING'S CROSS) | 主控的路线远达英格兰东北部的剑桥、约克和苏格兰地区 |
| 圣潘克勒斯站(ST. PANCRAS) | 由此发出的列车主要通往英格兰中部诺丁汉、雪菲尔(Sheffield)等地 |
| 帕丁顿站(PADDINGTO) | 英格兰西南部的牛津、史特拉斯、巴斯、普利茅斯(Plymouth)等地，站厅上层为通往希思罗机场(Heathrow Airport)快速列车 |
| 尤斯顿站(EUSTON) | 主要联络英格兰西北部的利物浦、曼彻斯特和苏格兰西部格拉斯哥等地。往法国西南部波尔多、土鲁斯等城市的列车，往西班牙葡萄牙的国际列车皆从此站出发 |

## （三）铁路客站在城市中的区位规划

铁路客站区位规划也是铁路客站规划理论的重要内容。铁路客站区位总体上要方便旅客，提高铁路运输效能，并与城市布局和城市交通有机结合。影响铁路客站区位的因素很多，既要统筹铁路本体的需求，又要与城市规划等外部因素充分协调一致，不能片面地放大某一因素，要系统地综合考虑。

1. 影响客站区位的铁路本体因素分析

影响铁路客站区位的铁路本体因素可分为以下几个方面：一是铁路线路接入城市的方向在一定程度上决定着客站在城市中所处的方位。铁路客站应尽可能靠近铁路线路接入城市的方向，减少铁路正线（或连接线）在城市市区绕行，减弱对外交通与市内交通的相互影响。二是铁路枢纽总图布置，即铁路客站区位要方便旅客运输，与衔接的各线路有便捷的通路，符合铁路枢纽总图布置，与枢纽内既有铁路客站和其他设备的配置相协调。三是客站类型，即客站在铁路枢纽中的定位和主要服务的客运形态，如城际铁路客站、客运专线（高速）客站、普速铁路客站站和综合铁路客站等等。客站类型对客站区位的影响主要表现为不同类型的客站因具有不同的技术经济特征以及不同的途外附属时间敏感性，其对用地区位、城市交通可达性要求及周边用地和建设开发的要求各不相同，这是客站自身性质所决定的，如主要接发动车组的城际客站、高速客站与普速客站相比，在站场布置、客车整备设施的要求和设置等方面有很大的差别。四是客站用地规模，由于城市土地价值的空间分布呈非均匀性，且差值较大，客站选址及布局不得不考虑土地价值因素，因此，用地规模不同的客站在区位选择上也存在差别。五是铁路运输组织因素，主要是针对设置了多个铁路客站的城市而言，铁路客站的区位选择应尽可能消除或减少多个客站在运营过程中的冲突和干扰。在某一方向的铁路干线拟采用多个客站衔接时，应平衡这些客站在城市中布局，以减少旅客乘车的途外附属时间，如建设北京站、北京西站的地下直径线就可以使从北京始发的列车经过多个客站，乘客可根据自己需要就近上车，即减少了途外附属时间，又方便了不同方向铁路干线之间的客流换乘。

2. 影响客站区位的外部因素分析

影响客站区位的外部影响因素主要体现在以下几个方面：一是城市用地条件，由于铁路客站占地较大，对场地要求也比较高，因此，城市的地形、地貌及地质、水文等自然条件会限制铁路客站的规划区位。二是城市规划因素，影响铁路客站区位的城市规划因素主要包括城市人口分布、用地布局及空间发展战略等。城市人口及分布、城市用地规模及布局等人口与土地利用特征对客流的产生及客流流向有重要影响，因此有必要仔细分析现状和规划的城市人口分布、土地利用布局及客流集散点分布的形态，协调铁路客站的区位与城市人口和用地布局。此外，铁路客站的区位在宏观上还应与城市空间发展战略相协调，引导城市功能空间的合理分布。三是多方式联运因素，主要是考虑铁路客站选址及布局应该权衡航空、铁路、水运、长途客运等多种对外交通方式之间的关系，实现交通方式间的功效互补，如一些城市直接把铁路客站引入航空港客站，实现多种交通方式间的高效联运。四是市内交通系统的发展因素，一方面，由于市内交通系统运送速度、舒适性的提高导致的补偿空间距离能力的增强，致使城市某些区域可达性提高，对客站区位产生影响；另一方面，客站区位还要注意与城市道路网、城市轨道交通网络规划相协调，尤其要系统考虑正在蓬勃发展的城市轨道交通对城市交通体系的影响，以促进城市轨道交通网络与铁路客站区位的相互耦合。

3. 相关影响因素的作用内容与形式

铁路客站区位选择的结果客观上就是客站区位相关影响因素之间相互博弈的结果。从铁路客站区位影响因素的作用机理来看，各影响因素对客站区位的作用内容与作用形式如表3-2所示。

铁路客站区位的相互影响因素及作用内容与形式　　表3-2

| 相关影响因素 | 作用内容 | 主要作用形式 |
|---|---|---|
| 铁路线路引入枢纽的方向 | 影响客站在城市中所处方位 | 切向型 |
| 铁路枢纽总图布置 | 决定铁路客站的总体规模及布局结构体系 | 决定型 |
| 客站类型 | 影响客站与城市中心的距离 | 径向型 |
| 客站用地规模 | 影响客站与城市中心的距离 | 径向型 |
| 铁路运输组织因素 | 多客站之间的位置关系 | 均衡型（分散作用） |
| 城市用地条件 | 影响客站与城市中心的距离、客站在城市中所处方位 | 限制型 |
| 城市规划因素 | 影响客站与城市中心的距离、客站在城市中所处方位 | 径向型（向心作用）<br>切向型 |
| 多方式联运因素 | 铁路客站与其他对外交通枢纽之间的位置关系 | 集聚型（吸引作用） |
| 市内交通系统的发展因素 | 影响客站与城市中心的距离、客站在城市中所处方位 | 径向型（离心作用）<br>切向型 |

### （四）客站与城市道路及城市轨道交通相衔接

铁路客站与城市道路及城市轨道交通规划相衔接也是客站规划的重要内容。在中小型客站，需要重点解决客站与城市道路衔接问题，组织好进出客站的各类流线；而对于大型铁路客站，除了要解决客站与城市道路衔接问题以外，还需要以“零换乘、无缝衔接”为基本规划理念，做好铁路客站与城市轨道交通的衔接规划。从未来城市发展趋势看，大型客站与城市道路的衔接更适合使用立体衔接模式，以消除或减少进出客站车辆与城市道路车辆的相互干扰；而大型客站与城市轨道交通的衔接，更多是将城市轨道交通直接引入客站，采用垂直换乘模式，确保乘客的便捷使用。图3-5为北京南站与城市道路及城市轨道交通的衔接规划图。

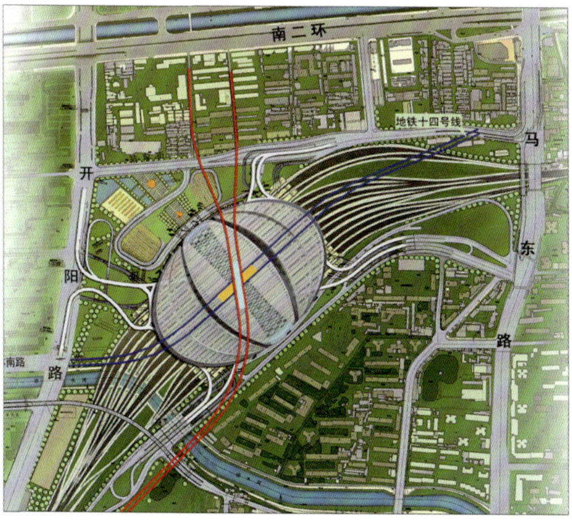


图3-5 北京南站与城市道路及城市轨道交通的衔接规划图

## 二、基于铁路需求的客站规划要求

### （一）铁路网快速建设及客流增长对铁路客站的规划要求

近年来，中国铁路取得了世人瞩目的一系列重大发展成果。随着铁路网的快速建设和高速发展（图3-6），铁路枢纽引入铁路的数量持续增加，需不断完善以大城市为依托的铁路枢纽，以满足客流乘降及中转需求，这对客站规划提出了新要求，应根据枢纽总图布置，配置新的客站或扩大既有客站规模，并配套与客站相关的设施。此外针对铁路客流的增长，客运分布的改变，还应增强客站的服务能力，并在客站区位上适应客流分布变化，如随着沪汉蓉客运专线、成渝城际等铁路的建设，成都枢纽东通道方向的客流将明显增加，而目前成都客站位于市区北部和南部，因此，成都新客站位置选址在市区东部。

### （二）铁路技术进步以及运营模式的改变对客站规划提出的要求

随着铁路技术不断进步与创新，“十一五”期间，快速客运网络将初步建成，大能力货运通道网络将基本形成。铁路网区域布局将发生重大变化，一个发达完善的铁路网将初具规模。客运专线（高速铁路）、城际铁路的建设和高密度、公

图3-6　我国中长期铁路网规划图

交化的铁路运营发展趋势必然对客站规划提出的要求，客站规划设计应更加注重考虑方便到达、方便换乘、方便购票、快速通过、快速上车等因素。近些年来，铁路为适应经济社会发展和人们出行需求的变化，其自身在不断地调整和变化，区域经济联系的梯度变化和交通需求的层次性决定了铁路网的构成及运营组织也应具有一定的层次性。这种层次不仅是技术等级不同的铁路线路网络和铁路运营网络，而且还应根据全国的经济区划形成不同服务范围的铁路线路网络和铁路运营网络。规划中的我国铁路线路网包含了全国性客运专线铁路网（含高速铁路、客运快速通道等）、全国性的普速铁路网和区域性城际轨道交通（或城际铁路）网；而铁路运营网络从客运的角度也可分为全国性高速客车运营网、区域性城际客车运营网、普速客车运营网等。铁路技术进步、运营模式的改变对客站规划都提出了新的要求，客站规划应不断适应多模式、多层次的网络布局和运营模式。

### （三）铁路枢纽总图布置对客站规划提出的要求

铁路枢纽总图布置是对铁路枢纽内各主要车站的分布和相互位置、枢纽内主要设备的配置进行规划。其一般依据引入线路的方向、数量和技术特征，客货运量的流向、大小和性质，既有铁路设施的情况，结合城市地形地貌条件及城市规划来确定。枢纽总图布置要方便枢纽内旅客乘降、中转和货物到发、中转。结合目前我国大城市市区“退二进三”，即第二产业从市区搬迁到郊区产业园、市区主要发展第三产业的规划原则，铁路枢纽总图布置理念也应随之转变，总图布置应以“客进货出”为导向，客站尽可能进入城区内部，方便旅客乘降，货运站应与城市产业园区及物流园区规划相结合，将货站迁出城区，减少货物运输对城市的影响。另一方面，客站规划模式也会对枢纽总图布置提出要求，如多客站模式也有利于分散单个客站的客流量，控制单个客站的规模，更有利于实现流线清晰、短捷，换乘方便、快捷，并有利于分散城市交通压力。但多客站模式会增加枢纽的复杂程度，因此，要求枢纽总图合理布置，提高铁路运输效能。如北京枢纽的客站规划结构由“四主两辅”组成，四个主要客运站为北京站、北京西站、北京南站、北京北站，两个辅助客站为北京东站和丰台站（图3-7）。



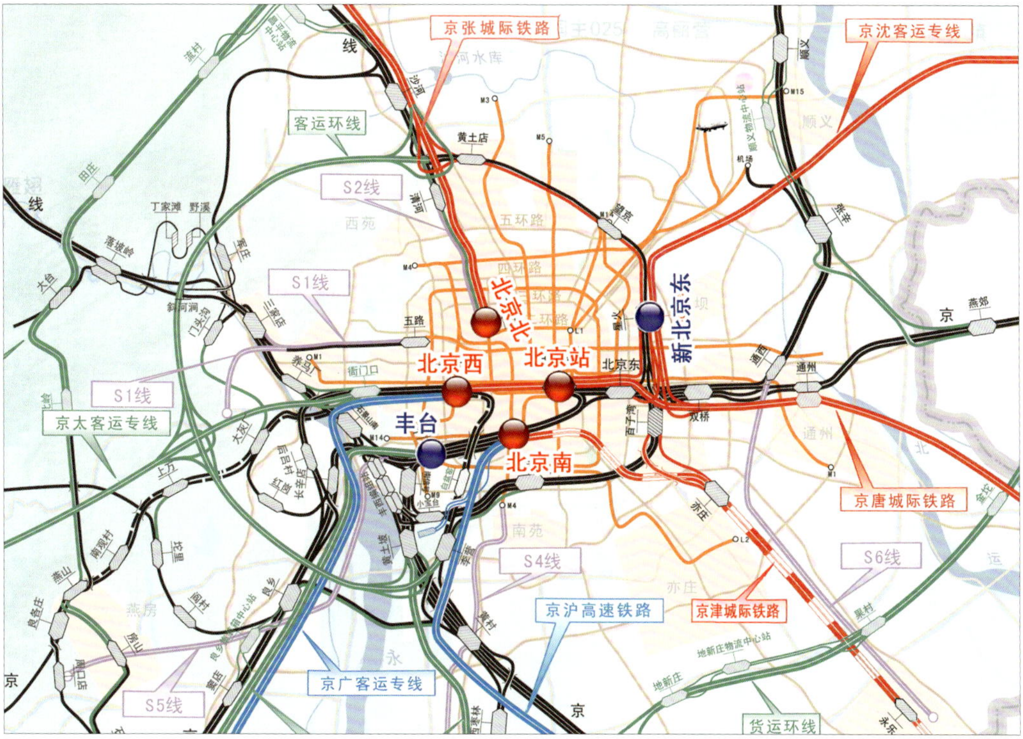


图3-7　北京枢纽“四主两辅”的客站规划结构图

### （四）铁路客流旅程时间控制对铁路客站的规划要求

“安全、快速、方便、舒适”是铁路客流出行的基本要求，其中，缩短铁路客流旅程时间是体现“快速”要求的重要指标，也是铁路技术进步以及提高铁路自身在综合交通体系中竞争力的重要因素。旅客一次出行的旅程时间，包含了途中运行时间消耗和旅途两端时间消耗（图3-8），途中运行时间消耗可称为途中旅行时间，旅途两端时间消耗可称为途外附属时间。从铁路客流旅程时间分析看，要实现为旅客提供“快速”出行的目标，不仅要大幅度压缩途中旅行时间，还要从客站规划角度考虑对途外附属时间压缩。就图3-8中A、B两个城市而言，途中旅行时间是指A城市铁路客站与B城市铁路客站之间的客车运行时间，其与两城市铁路客站之间的铁路线路距离和客车运营速度有关；而途外附属时间是指A城市出行端点（A点）到A城市车站站台的时间与B城市车站站台到B城市出行端点（B点）的时间之和。可见，途外旅程时间与两城市铁路客站在城市中的区位、客站的可达性、客站换乘效率等因素密切相关，在开展铁路客站规划时，应对此加以充分论证。

1．高速铁路与普通铁路的比较

假定高速铁路的旅行速度为300km/h和250km/h两种模式，普速铁路的旅行速度为120m/h，途外附属时间为1小时或1.5小时。不同行程距离所需旅行时间，在不同的运营距离情况下途外附属时间占旅程时间的比例分别如图3-9～图3-12所示。

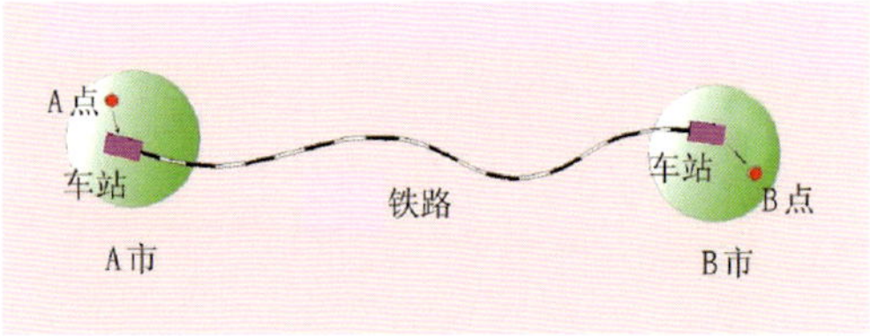


图3-8　铁路客流旅程示意图

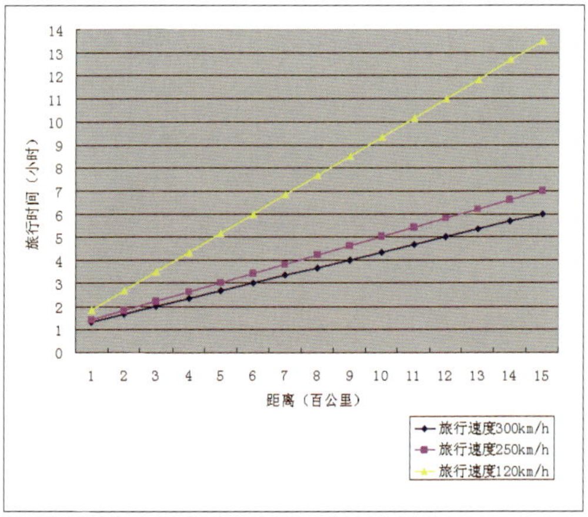


图3-9　不同行程距离所需旅行时间（途外附属时间为1小时）

由图分析可知：铁路客车旅行速度越高，途外附属时间在旅程时间中所占的百分比越高，即铁路客车旅行速度越高，乘客对途外附属时间会越敏感；行程距离越短，途外附属时间在旅程时间中所占的百分比越高，即铁路客车行程距离越短，乘客对途外附属时间会越敏感。以城际铁路

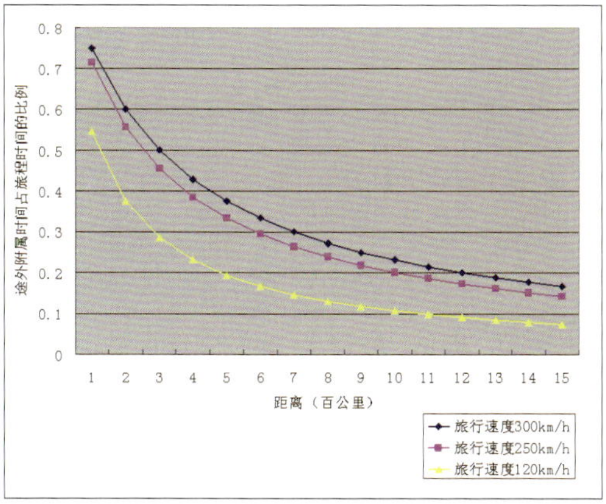


图3-10　途外附属时间占旅程时间的比例（途外附属时间为1小时）

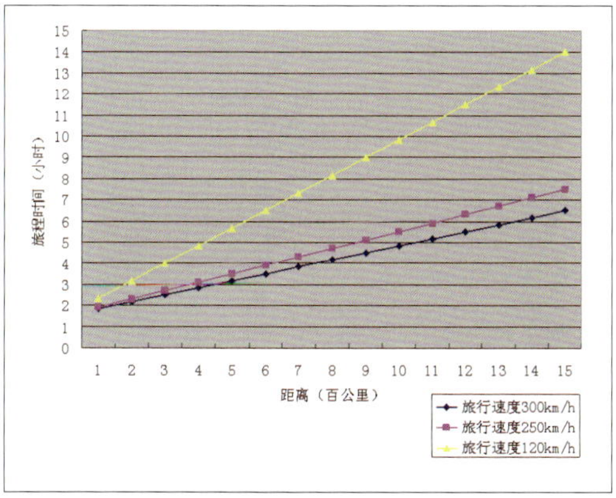


图3-11　不同行程距离所需旅行时间（途外附属时间为1.5小时）

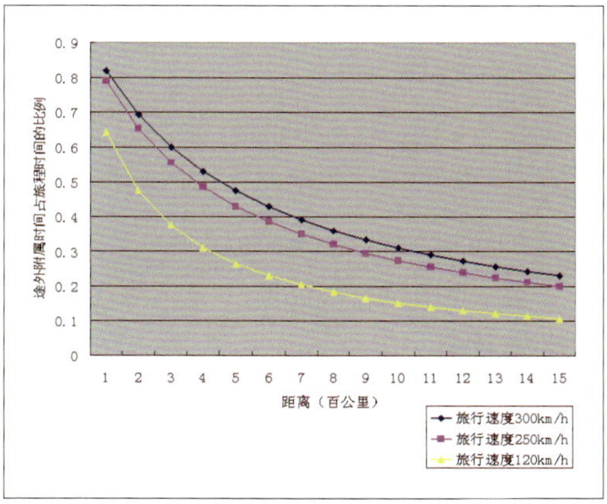


图3-12　途外附属时间占旅程时间的比例（途外附属时间为1.5小时）

为例，鉴于城际铁路的行程距离较短，压缩途外附属时间的效果有时会比提高旅行速度具有更好的效果。

2．高速铁路与航空的比较

取高速铁路的旅行速度为300km/h，途外附属时间为1小时、1.5小时和2小时。取民航途外附属时间为3小时，旅行速度为600km/h，则高速铁路、民航不同行程距离所需旅行时间如图3-13所示。

由图3-13可知，控制高速铁路的途外

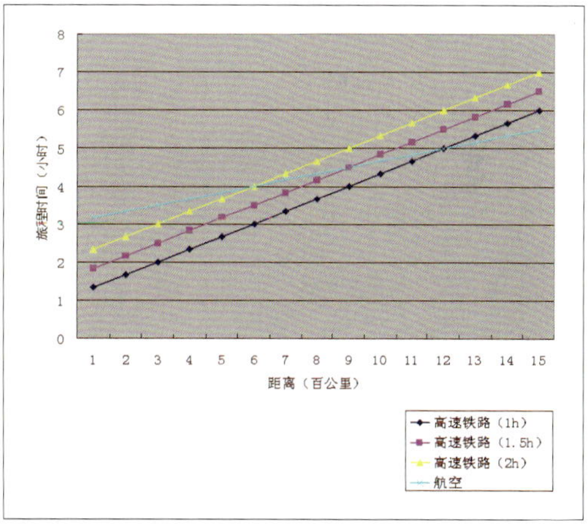


图3-13　高速铁路与航空不同行程距离所需旅行时间比较

附属时间对提高铁路的竞争力具有重要的作用。举例来说，高速铁路途外附属时间由1小时增加到2小时，与航空相比的优势运距将从1200公里下降到600公里。从途外附属时间节省的边际效益来看，高速铁路途外附属时间每减少1分钟，高速铁路对航空的优势运距就会增加10公里。

3．旅程时间控制对铁路客站区位提出的要求

通过上述途外附属时间对旅程时间的影响分析可以看出，从对铁路客站的规划、设计和运营管理等多个层面对途外附属时间进行控制，可以有效地减少铁路客流旅程时间。提高运营效率，这就对铁路客站区位设计提出以下几方面要求：一是铁路客站区位应尽可能靠近其所服务区域的中心或大的客流集散节点（如城市中心区、市内交通枢纽），特别是对途外附属时间敏感度高的城际铁路客站和客运专线（高速）客站，有利于压缩乘客的平均途外附属时间，进而控制旅程总时间。二是铁路客站区位应靠近其所衔接的铁路线路的方向上，有利于减少铁路正线（或连接线）在城市市区绕行，控制车站到车站之间的途中旅行距离，进而控制旅行时间。三是对于多客站模式的城市，多个客站应在城市内相对较为均衡地分布，有利于提高铁路枢纽客站体系的可达性，方便旅客乘车，如上海枢纽浦东客站的规划。

以控制铁路旅客途外附属时间为目标，铁路客站还应注重与城市道路、城市轨道交通等城市交通系统高效衔接，使乘客利用城市交通可以方便、快捷地到达（或离开）铁路客站。在客站换乘设施的规划设计层面，应提供方便的换乘，减少流线长度，压缩换乘时间。

## 三、基于区域和城市经济发展的客站规划要求

### （一） 区域发展对铁路客站规划的要求

伴随着我国经济的快速发展和城市化水平的提高，在环渤海京津冀、长江三角洲、珠江三角洲等经济发达地区将形成经济联系紧密、一体化趋势特征明显、由若干个不同规模城市（镇）共同构成的都市带。日本等发达国家的经验表明，高速铁路对控制都市带内各城市的旅程时间，促进都市带的形成和发展具有重要的推动作用。国务院批准的《环渤海京津冀地区、长江三角洲地区、珠江三角洲地区城际轨道交通网络规划》（《中长期铁路网规划》的子规划）也提出了在三个地区将致力于构建区域内“1～2小时交通圈”。按照这一要求，结合前述分析，都市带内城际铁路的途外附属时间宜控制在1小时内，最好不超过1.5小时。

大型铁路客站及其所延伸城际轨道交通、长途客运等交通系统使其具有了服务都市带的能力，如新广州站集客运专线、城际铁路和普速铁路于一体，位于广州市番禺区，距广州市中心区、佛山市、中山市、东莞市均在1小时车程内，处于珠江三角洲的中心地带。新站区位虽然距离广

州中心区相对较远，但其位置处于广深线、地铁线和广珠城际轨道交通等多种交通方式的汇合点，旅客乘降和换乘十分方便，而位于珠江三角洲中心地带也使其更有效地承担起服务整个区域的功能，必然对区域经济发展起到较好促进作用。

### （二）城市发展对铁路客站规划的要求

铁路客站规划首先应与城市规模相适应。城市规模决定了城市交通战略及主导交通方式、铁路客站数量及主要的接驳方式、旅客出行便捷程度及平均出行时间等。如特大型中心城市一般采用多客站模式，并以城市公共交通，尤其是大力发展城市轨道交通作为主要的接驳出行方式；中小城市采用单客站模式就能满足铁路旅客的出行需求。其次，铁路客站的区位在宏观上还应与城市空间发展战略相协调，引导城市功能空间的合理分布，铁路客站特别是大型铁路客站的建设和改造，将改善客站周边地区的可达性，使相关地区形成某种“超前引力”并逐步产生“聚集效应”。在这种作用下，客站带来的商机和旺盛的人气有利于带动周边地区的更新和发展，形成具有吸引力的城市区域。我国许多大城市的铁路客站位于旧城区，对其进行改造、重建为旧城更新及经济复兴提供了契机；而大城市的第二客站有些位于新城区，新客站便捷的交通联系和强大的吸引力往往是新城开发的先导和依托。

### （三）城市形象对铁路客站规划的要求

对城市而言，铁路客站在一定程度上是反映城市形象的重要载体，是体现城市进步的建筑物，是城市重要的“门户”。基于铁路客站的这些功能，其规划设计时必须考虑与城市形象的关系，力求与城市环境相融合、与城市设计相结合、与城市景观相协调。如南京站（图3-14）位于金陵古城城北，前临玄武湖，后枕小红山，所在区位景观环境优美，其规划设计非常注重与城市形象相融合，将站房设计、广场景观设计与玄武湖景观资源融为一体，使客站成为

图3-14 南京站及其周边环境透视图

代表城市形象的重要元素。

### （四）城市功能空间对铁路客站规划的要求

铁路客站不仅要满足交通功能，还要满足城市功能空间所具有的交流功能、景观功能、防灾功能、服务功能等功能要求如表3-3所示。

铁路客站的功能空间组成 表3-3

| | 功 能 | 特 性 | 空 间 |
|---|---|---|---|
| 铁路客站功能 | 交通节点的功能 | 集结、转换各种交通 | 交通空间 |
| | 城市道路节点功能 | 形成城市道路节点 | |
| | 交流功能 | 形成休闲、娱乐、交流的中心 | 环境空间 |
| | 景观功能 | 作为城市景观的重要组成部分 | |
| | 服务功能 | 提供各种商业服务和信息服务 | |
| | 防灾功能 | 作为防灾、避难、紧急活动的节点 | |

多种交通工具的分配平台，是城市内部交通网络和外部交通网络的换乘节点。主要解决对内与对外交通换乘的问题，故铁路客站的功能定位就要突出其集散特征，客站规划的观念也由只需考虑铁路交通问题转变为对多种交通方式有机结合的综合换乘中心的系统思考。铁路

## 四、基于综合交通体系的客站规划要求

### （一）城市综合交通体系要求铁路客站由“终端”向“枢纽”转变

城市综合交通体系的出现，要求铁路客站由“铁路运输终端”转变为“城市综合交通枢纽”。在流动人口剧增、生活节奏加快的今天，铁路客站已成为客站既是铁路多条线路汇集的节点，又与城市道路系统、城市轨道交通系统、长途汽车站、航空港等其他对内对外交通毗邻接驳，铁路客站成为大城市综合交通的桥梁和纽带，城市各类交通方式的换乘衔接都集中在这里发生与结束。

### （二）市内公共交通发展对铁路客站规划的要求

城市轨道交通以其大运量、快速、准

时、环保等优势正在逐渐成为我国各大城市主要的公共交通手段之一，同时也将成为这些城市大型和特大型铁路客站旅客集散的重要交通方式。随着城市轨道交通的发展、市内交通方式的不断完善以及市内交通效率的大幅提升，铁路客站换乘量也将进一步增加，这对铁路客站规划提出了新要求。铁路客站不仅包括对外交通方式之间的换乘、对外交通方式与市内交通方式的换乘，还包括市内交通方式之间的换乘。对区位条件较好、离市中心较近、市内交通接驳体系较为完善的铁路客站，市内交通的换乘量往往比较大，因此，对铁路客站与市内公共交通换乘也应该给予充分的重视，做到客流的配合准确、流线的衔接顺畅。对于不同类型的铁路客站，还应采用规划手段引导和控制市内交通换乘占客站总换乘量的比例。北京南站是引入两条城市轨道交通线路的综合交通枢纽；天津站是引入两条地铁线路、一条轻轨并布置了一个大型的公交枢纽站的综合交通枢纽。

### （三）“多式联运”对铁路客站规划的要求

“多式联运”即多方式联合运输。综合交通体系内的多方式联合运输，航空－铁路－公路相互协调，在一些特大城市已将铁路客站引入航空港，长途客运和地区公交线作为铁路客站衔接方式的多方式联运特征没有改变。上海虹桥站是目前国内第一个与航空港、长途汽车站、城市公交及地铁相结合的大型综合交通枢纽，它标志着铁路客站建设一次大的飞跃。

## 五、当代铁路客站规划理论要点

铁路客站规划是一个复杂、动态的规划体系，受到经济社会发展状况、国家有关政策等多方面的影响。因此，应在着眼未来的前提下，以发展的思维，统筹考虑规划所涉及的诸多因素，开放地吸收铁路部门、地方政府和其他交通运输管理部门对客站规划不同层面的需求。当代铁路客站规划具有以下几个方面要点。

### （一）突出旅客交通的可达性

在铁路客站规划中，必须从旅客的角度出发，切实地分析和掌握旅客使用铁路客站活动的规律，将“以人为本”的理念体现于铁路客站规划设计的各环节之中。铁路客站规划应具有很好的交通可达性，尽可能缩短旅客旅程时间，充分考虑旅客方便、快捷到达的要求，实现旅客换乘容易、换乘障碍小、速度快、换乘环境好，而且客票购买方便、候车环境舒适、各项功能完善的铁路客站。

### （二）兼顾铁路与城市功能的协调性

如前所述，铁路需求、区域经济和城市发展以及综合交通需要等各方面都会从不同的角度对铁路客站规划提出要求，这些要求的根本目的是一致的，都是为了使人们的出行更为便捷，并有利于经济社会的全面发展。但铁路部门、地方政府和其他交通运输部门等相关部门对铁路客站规划从本部门的角度可能存在着不同的认识和理解上的差异，这就要求在铁路客站规划时必须在根本目一致的情况下，兼顾铁路与城市功能的协调性，考虑问题的各个侧面，兼顾各来自不同方面的要求，统一认识，协调矛盾，达到统筹和兼顾。

#### （三）强调规划的可持续发展性

铁路客站规划应树立可持续发展的规划思想。可持续发展是动态的概念，强调客站生命周期过程中与外部环境和谐及其自身和谐，包括和谐铁路框架下的铁路客站与铁路网络及枢纽的可持续发展、铁路客站与城市的可持续发展、铁路客站与综合交通体系的可持续发展、铁路客站自身的可持续发展，要注意客站建设的近远期结合、旧站的有机更新、客站的节约地、建筑的节能环保等内容。

#### （四）确保规划的总体最优

如前所述，铁路客站规划由于涉及了相当复杂的内外部条件和关联因素，必须把铁路客站当作一个复杂的整体，以系统的观点综合考虑各项因素的重要程度及其相互关联和相互作用机理，在协调各方认识和关系的基础上，根据约束条件对客站数量及规模、多客站模式中客站分工、客站在城市中的区位、客站衔接交通方式及衔接模式的可能方案作出合理判断，实现铁路客站规划的总体最优。

## 第三节　当代铁路客站的总体布局

铁路客站的总体布局主要是确定广场、站房和站场三大组成部分的规模和空间关系。本节在本章第一节对我国以往铁路客站总体布局分析的基础上，重点探讨当代铁路客站总体布局的基本要求、发展趋势、布局要点、布局模式及特征，而关于广场、站房和站场的内部功能空间布局将在本书第四章中结合客站流线设计进一步阐述。

### 一、铁路客站总体布局的内容与相关因素

### （一）铁路客站各组成部分的规模需求分析

铁路客站总体布局规划的首要内容，就是根据客站引入线路情况和客站定位，结合客流分析预测结果，确定广场、站房和站场各组成部分的规模。一般来讲，引入线路的条数越多、等级越高，客站等级越高，各组成部分的规模需求也就越大。客站广场、站房内部各组成部分的面积及规模由预测的客站最高集聚人数和高峰小时发送量来确定。对于当代铁路客站而言，尤其是衔接交通较为复杂的客站，随着交通需要预测理论的不断完善，除预测客站最高集聚人数和高峰小时发送量外，还应预测包括铁路、长途客运、城市轨道交通、常规公交、出租、旅游车、客车等各种交通方式的客站总的集结客流量和疏散客流量，以及各种交通方式之间换乘客流量。有了这些预测数据，才能更好地确定各交通方式场站类设施和换乘通道类设施的规模。此外，还要根据客站规模和等级确定客站景观环境空间、商业服务业空间、防灾避难空间等各类非交通空间的面积。

### （二）铁路客站总体布局模式及各交通方式换乘模式的确定

确定了客站各组成部分的规模，应根据客站所处的地形条件和客站周边城市规划条件，确定铁路客站总体布局模式，对于平原地区的中小型客站一般采用平面布局模式。而大型、特大型客站和山地城市的一些客站，应结合实际情况采用立体布局模式。此外，还应根据各交通方式之间换乘客流量，理顺各交通方式之间的换乘关系及流线，综合运用平面换乘、垂直换乘等换乘手段，确定各交通方式换乘模式，尽可能减少车辆流线与人行流线之间的交叉。

### （三）铁路客站与城市道路的衔接及功能空间布局

根据客站规模、总体布局模式及各交通方式的换乘模式，结合客站周边规划路网和地形条件，确定客站与城市道路的衔接模式。对于中小型客站一般采用平面衔接；对于大型、特大型客站可根据实际情况采用立体衔接，即设置进出客站的立交设施以及在衔接的城市道路建设高架桥或隧道。此外，还要根据铁路客站各组成部分的规模和总体布局模式，结合客站流线组织，确定长途客站、城市轨道交通车站、常规公交车站、出租车站、社会车辆停车场等交通空间的布局，以及步行集散空间、景观绿化空间、商业空间等功能空间布局。

## 二、当代铁路客站总体布局发展趋势与特点

### （一）铁路客站总体布局的基本要求

根据对当代铁路客站总体布局内容及影响因素分析，结合铁路客站的发展趋势，当代铁路客站总体布局应满足以下基本要求：客站各组成部分的规模确定合理；总体布局模式适宜；车站广场交通组织方案遵循以人为本、公交优先的原则，各交通方式换乘模式和交通站点布局合理；铁路客站与城市道路、城市轨道交通的衔接便捷；各种流线简捷、顺畅；建筑功能多元化、用地集约化，并留有发展余地；客站地下空间统筹考虑、综合利用。

### （二）铁路客站总体布局的发展趋势

当代铁路客站，特别是大型、特大型铁路客站，总体布局随着客站设计理念的更新，展现出一些新的发展趋势。

1．立体化空间组织

以往铁路客站多采用广场、站房、站场的三段式平面布局模式，即使部分客站采用了立体化组织模式，也多是站房与站场的立体布局，如上海站、北京西站的高架候车模式，以及广场的立体化模式，如广场设置多层空间。而当代铁路客站立体化空间组织的发展趋势是将广场、站房、站场进一步整合，实现“广场、站房、站场”的一体化空间组织，使换乘更为方便、快捷。如北京南站采用综合式立体布局：高架式站房使站房、站场立体化；围绕站房的高架环形车道把广场的换乘功能以立体形式引入站房；“站桥一体”的结构模式使站场和客站的地下空间立体布局，在站台下的地下空间实现了换乘功能。再如全地下的福田站：地下一层为客流转换层，地下二层为站厅层，地下三层为站台层。福田站的“总体布局”将传统意义的广场、站房、站场功能组织在立体化三个层面上，以竖向流线相互串联。

2．复合化空间使用

复合化空间使用也是当代铁路客站总体布局的发展趋势之一。以往铁路客站的广场、站房、站场有其明确的任务分工，其各组成部分功能也较为单一。从当代铁路客站的发展趋势来看，这种分工明确、功能单一的空间使用模式不能适应未来铁路客站的发展要求，复合化的空间使用是当代铁路客站总体布局的发展趋势。复合化空间使用包含两个层面的问题：一是客站各组成部分功能空间的拓展，如广场由单一交通功能增加为城市节点功能、城市开敞空间功能等多种空间的复合，站房内商业、服务业空间的适当引入等等；二是客站三大组成部分功能空间相互穿插，如随着客站“通过性”要求的增强，站

台也承载着一定的等候性空间的功能，换乘空间向站房、站台下层的地下空间不断延伸。

3．人性化空间规划

客站的总体布局要从“人”的角度考虑，把空间可读、导向明确作为客站总体布局的要点。缺少出行经验的旅客置身于一个陌生的环境，尤其面对着铁路客站这样一个繁杂的交通场所，忽视空间导向设计往往会使旅客心中没底并易产生急躁和不安情绪。因此，针对旅客的这一心理需求，规划出具有可读性的客站空间，使缺少出行经验的旅客能够快速读懂客站空间，也是客站总体布局的发展趋势之一。如新武汉站的进站大厅（图3-15），是一个覆盖在站台和高架候车室之上贯通的大空间，旅客进入大厅就可以一目了然地看清楚整个客站的布局，进而选择自己的行进方向。

4．客站地下空间的统筹利用

客站地下空间是丰富与完善客站功能的重要组成部分，特别是大型客站地下空间对于客站立体化空间组织的实现起着重要作用。大型客站一般站台及股道数量较多，有些客站车场宽度在200m以上，因此，应将车场下部空间与广场地下空间统筹考虑，使其成为一个有机的整体。车场地下空间利用工程难度相对较高，投资相对较大，要适度合理地利用，主要作为地铁的站厅及连通客站两侧广场的通道，而对于客站停车场、地下商业开发等用途的地下空间需求，应优先考虑利用广场地下空间。

5．中小型客站的简约化

在大型铁路客站走向综合化的同时，很多中小型客站尤其是小型客站则应朝着简约化方向发展。对于中小型客站自身来讲，一方面，中小型客站服务的主要是“通过式”列车，停站时间很短，上下客流少，可采用站台候车模式；另一方面，中小型客站短途和城际客流相对较多，要求流线简单，快速通过。这就要求客站总体布局紧凑，清晰，候车室不宜过大，并且在站台提供候车空间。此外，随着售票网点的发展，以及网络、电话售票机制的健全，可以大大减少旅客因为购票而产生的等候时间，缓解站房人流压力的同时，也逐渐对站房的内部空间形态产生影响。而行李托运和客运功能的分离也将进一步促进中小型客站功能的简单化和清晰化。

### （三）铁路客站总体布局特点

结合对客站总体布局发展趋势的分析，当代铁路客站总体布局应具有以下几个特点：一是人性化要求，这是铁路客站总体布局的根本要求。必须从旅客的角度出发，切实地分析和掌握人在客站中的活

图3-15　新武汉站内部空间透视图

动规律，将“以人为本”的理念体现于规划设计的各个环节之中。人性化要求主要体现在提高换乘速度和安全性、减少换乘障碍、改善换乘环境、提高空间可读性等诸多方面。二是以流为主，是指客站总体布局应以流线设计为主，以流线达到明确清晰、短捷通畅、互不干扰作为主要设计目标，它是合理布局的依据。同时“以流为主”也是在提倡以流动的观念对待客站总体布局，即不能简单地将铁路客站设计成人员滞留的场所和庞大的停车场地，而应强调它在流动中形成的效率。三是以功能需求为导向，客站总体布局的目的是更好地实现客站的功能，客站布局应以客站整体及各组成部分的功能需求为导向，分清主次、统筹兼顾，实现功能的总体最优。四是节约用地，节约用地是对社会资源的有效节约，因此，在铁路客站的总体布局中，应相对合理地确定客站各组成部分的规模需求，根据需要采取节地的布局模式，在满足客站功能要求的前提下，尽可能少占用土地。五是动态发展，“交通”本身就是一个动态的概念，它是随着社会的发展而变化的。作为综合交通体系中一个有机的组成部分，铁路客站必须具备对这种变化的适应能力。交通需求的增长、新交通方式的引入和客站周围用地的开发都会给客站的总客流量和铁路客流量带来非线性的急剧增长，铁路客站总体布局必须考虑到这种发展过程中的变化，适应未来发展的要求。六是公交优先，交通设施要为大多数人的使用提供方便。因此，铁路客站总体布局应注意权衡各种交通方式的可达性优先权，大多数人使用的交通工具的场站设施位置和可移动性要优于少数人使用的交通工具。七是与城市规划相结合、融入城市环境，铁路客站总体布局应考虑与客站周边区域的城市规划的有机融合，使车流、人流能够方便地进出客站。此外，还应按站区城市设计和景观设计的要求，将其塑造为具有现代化都市特色的交通空间，创造出令人满意的、具有明晰空间特色的总体布局形态。

## 三、当代铁路客站总体布局模式

按照广场、站房和站场相互之间的位置关系，铁路客站总体布局模式可分为平面布局模式，站房与站场立体布局模式，广场立体布局与站房、站场立体布局的组合模式和综合式立体布局模式。相对于平面布局模式，后三种模式属于立体布局模式。

### （一）平面布局模式

平面布局模式铁路客站的广场、站房和站场三大部分在平面上依次布置，形成三段式的平面布局结构。平面布局模式适合于中小型铁路客站。平面布局模式客站与城市道路一般采用平面衔接，有“一”字型衔接、“T”字路口型衔接和放射型衔接等三种模式。

### （二）站房与站场立体布局模式

站房与站场立体布局模式的客站站房、站场采用立体式布局，按站房和铁路站场的位置关系，可分为线上式站房布局模式和线下式站房布局模式。如沈阳北站、长春站等客站就是采用的这种布局模式。站房与站场立体布局模式在平原地区一般适用于大型客站，但在山地城市，有些客站虽然规模不大，也可依据地形条件采用线上式或线下式布局模式。站房与站场立体布局模式客站与城市道路的衔接应根据客站规模及周边道路条件、地形条件来确定采用平面衔接或立体衔接，如在城市道路上设置立交或引出匝道与客站内部道路直接相连，使各类车辆能够快速进出客站。

### （三）广场立体布局与站房、站场立体布局组合模式

广场立体布局与站房、站场立体布局组合模式的铁路客站除站房与站场采用立体布局模式外，客站广场也采用多层布局。其目的是将进出站的各类车流、人流疏解开，减少车与人、车与车之间的相互冲突和交叉。北京西站、杭州站、南京站（图3-16）等客站都采用了广场立体布局

图3-16 南京站剖透视图

与站房、站场立体布局组合模式。广场立体布局与站房、站场立体布局组合模式的客站与城市道路的衔接一般采用立体衔接模式。

### （四）综合式立体布局模式

综合式立体布局模式的客站，是将传统意义的广场、站房、站场进一步整合，将其功能组织在立体化三个层面上，实现“广场、站房、站场”的一体化空间组织。综合式立体布局模式最典型的代表就是北京南站（图3-17）、福田站（图3-18）。北京南站站房整体高架在站场上，原来主要在广场完成的与城市交通换乘功能也被部分引入到站场下的地下空间或以高架方式引入站房。福田站采用全地下方式，地下一层为客流转换层，地下二层为站厅层，地下三层为站台层。综合式立体布局模式一般在大型客站上采用，因此，综合式立体布局模式客站与城市道路的衔接应采用立体衔接模式，并规划设置多条进出客站的衔接通路，使车辆从不同方向都能够快速进出车站，同时满足出租车送客后排队等候接客的要求。

图3-17 北京南站剖透视图

图3-18 福田站剖透视图

第四章

# 当代铁路客站的功能变革及流线特征

对功能和流线的研究是铁路客站设计理论最核心的内容。铁路客站设计的“五性原则”首先强调的就是“功能性”，而“功能性”的核心就是“以人为本，以流为主”。其中，“以人为本”就是要以旅客为本，一切以方便旅客为前提，尽力为旅客提供方便、舒适的乘车环境以及快捷、便利的换乘条件和人性化的优质服务；“以流为主”是指以流线设计为主，在功能布局时使各功能流线明确清晰、短捷通畅、互不干扰。当代铁路客站的功能设计更加强调以旅客为核心，最大限度地利用有限的空间、环境和资源，选择合理的功能布局和空间组合模式，为旅客提供最快捷、方便、舒适的乘降环境。流线与功能紧密相连，不同时期的客站，随着功能的不断发展，流线的组织也表现出不同的特征。本章探索分析了我国铁路客站功能定位的转变，总结了客站功能变革的趋势和要点。探讨了铁路客站三个组成要素功能的设计理论发展，研究了功能变革背景下的客站流线特征。



## 第一节　当代铁路客站功能变革概况

铁路客站的功能定位是进行功能设计的前提。铁路客站的功能定位随着社会的发展而发展，不同时代其功能定位也有所不同。传统的铁路客站从选址到规划设计，都是以铁路交通运输为主要功能，以经济实用为设计原则，运营管理更多考虑客站管理的方便而忽视了对旅客的尊重和人文关怀。随着我国经济社会的持续发展、人民生活水平的不断提高，人们的出行需求和时间观念发生了根本性变化，城市交通的便捷、多种交通方式的换乘以及铁路客运公交化的逐步推进，铁路客站在城市中的角色发生巨大变化，更加突出客站对城市区域发展、城市环境的作用，更加注重先进技术的运用，从而带来了铁路客站在功能布局、建筑形式、管理体制、服务标准等方面的重大变化。铁路客站设计需结合上述变化，贯彻“以人为本，以流为主”的原则，逐渐将客站的功能定位从“服务运输、经济适用”向“服务社会、先进适用”转化，铁路客站也应逐步从以往“单一的客运作业场所”和“城市大门”向“综合交通枢纽”转变，与整个城市、整个区域的交通规划融为一体。

## 一、功能布局从“单一性”向“复合性”转化

以往的铁路客站，受铁路设计技术规范和管理体制所限，绝大部分侧重于铁路交通功能的旅客站房，当前的大型铁路客站已不仅仅是铁路的运输终端，它越来越多地和整个城市、整个区域的交通规划融为一体，成为城市和区域内外交通的衔接体和各类交通工具的换乘枢纽。随着交通枢纽站点的性质从单一功能型向城市综合型方向发展，铁路客站的业务功能已不仅仅是旅客集散的场所，而应更多地注重与城市公共设施的协调、配合，以促进地区经济繁荣和发展为主要目的，成为集旅行、商业、服务业、金融、社交、交通等功能为一体的综合服务体。多功能综合型客站具有集约化、空间一体化、节约用地的特点，能最大限度地为旅客提供各种服务，体现了“人民铁路为人民”的服务思想，而客站的商业服务开发，还能增加客站的经济收入。铁路客站业务功能的综合化，要求其功能空间布局由原来的平面模式向空间立体模式转变，变单层为多层，变单一为复合，变封闭为开放。

## 二、流线模式从“等候式”向“通过式”过渡

铁路客站的流线模式与其规模、性质及运营模式有关。我国传统铁路客站流线模式大多为等候式，旅客通常需要于发车前较长时间在候车空间等候检票进站。而国外发达国家由于有较为成熟的交通体系，铁路系统的列车编组短、到发密，加之换乘及时便捷，流线模式多为通过式，旅客随到随走。随着我国经济的发展，人们时间观念的逐步加强，客运专线、城际列车的普及以及城市地铁的发展，铁路客站流线模式正逐步从经济性较差的“等候式”逐步向高效率的“通过式”转变。受我国目前国情条件影响，在今后很长一段时间内铁路客站的流线模式都将处于“等候式”和“通过式”并存的状态，并且对通过的需求会越来越高，这就要求新型客站在功能布局和流线设计上与之适应，以综合大厅为中心，代替以候车区为中心的格局，用候车区兼顾等候，利用直接进站的“绿色通道”有效地实现“通过”，流线组织中尽量缩短旅客上下车流程，简化乘车手续，逐步变“等候空间”为“通过空间”。

## 三、运营方式从“管理型”向“服务型”转变

传统客站对旅客的服务和疏导以强制管理为主，而在当代铁路客站设计中，应该体现出高效便捷和以人为本的服务意

识，一切以旅客为中心，营造“安全、舒适、快速、有序”的优良环境，为旅客提供“全方位服务”。这即表达了铁路客运系统对乘客的一种态度，也关系到铁路本身的运营效率。欧洲的车站基本采用开放式管理，为旅客提供“全方位服务”，这些“全方位服务”设施分布在车站各个部位，对出入客站人员没有任何限制，最大限度地吸引客流。而我国传统铁路客站的旅客须凭票进站，进入站房和进入综合服务区的通道也是分设，这在一定程度上限制了综合服务区的经营效益。因此，在新的功能布局上应考虑把综合服务区与站房的主要功能空间合设，同时提高服务手段的自动化程度，对旅客进站引导、售票、行包托运、小件寄存、检票上车、出站提取行包等旅行活动中的各类业务尽可能采用电子信息技术实现自动化，省时省力省人员，大大提高运输效率。当代铁路客站应该由传统的对旅客管理型向为旅客服务型转化，由传统的行政权力管理机构转向具有竞争能力的服务性企业，变封闭式管理为开放式服务，让铁路客站面向社会，融于市场经济体系之中。铁路客站不仅要开放，还应该把出入口延伸到客站的各个方向，大量缩短旅客进出站时间，消除旅客候车与乘降过程中的焦虑情绪，真正实现以人为本。应尝试利用站台空间容纳滞留旅客，尽可能减少候车空间的面积以及车站的整体规模，降低运营成本，提高经济性。

## 四、复合功能带来一体化的空间布局新模式

传统铁路客站的空间构成模式大多是将铁路客站的站前广场、站房和站场在平面上依次排开，其中站前广场是人流和车流的集散场所；站房是旅客进出站和候车的建筑空间；而站场是旅客乘降列车的场所。站场的布置形式与站房的关系一般为线侧平式、线侧下式、线正上式以及线正下式等。随着铁路客运量和城市交通量的迅速上升，目前国内的大型铁路枢纽客站的站台、到发线数量较过去成倍增加，例如，北京南站13台24线，正在建设中的武汉站11台20线、新广州站12台22线、上海虹桥站达到16台30线，站场与站房之间的交流与冲突不可避免。这类大型综合交通枢纽站，已从单一铁路交通功能型客站向城市综合体发展，具有与城市道路交通、城市轨道交通以及不同铁路类型之间更便捷的换乘功能，这些变化都会影响铁路旅客的出行频率和候车习惯。传统的功能布局方式、低效率的等候式旅客流线设计、分离的停车场型车辆流线组织，都不能满

足当代铁路客站的功能要求，必须探索新的空间布局模式与之相适应。因此，铁路客站建筑与站前广场、站场的设计必须密切融合，创造全新的铁路客站形式。

### 五、注重铁路客站功能的适应性研究

受中国传统文化和人们日常生活习惯的影响，我国铁路客运流量季节性高峰现象极其突出，尤其是春节、黄金周等节假日旅客出行高峰期，往往给铁路客站带来巨大的交通压力。应对人们特有的“季节性出行”、适应旅客流量的不均衡性，是当代铁路客站设计需要研究的重点问题。既要考虑按照高峰客流量设计带来的平时客站空间的闲置与浪费问题，又要解决按正常客运量设计所造成的高峰季节客站空间严重不足的难题。因此，当客站正常运输作业时，应对旅客候车环境予以高度重视；当面临运输高峰季节时，则应通过对广场、站房候车空间以及站台空间的有效调节，解决旅客安全集散和及时发送的问题。

此外，当代铁路客站的候车大空间以及站台空间在适应未来“通过式”功能转变上，除了采用功能复合的一体化综合大厅组织空间，还要引入更“宽泛”的候车空间概念，为将来客站功能的调整和转变提供足够的可能性。



## 第二节　铁路客站三要素功能布局研究

时代的进步、经济社会的发展、人民物质文化生活水平的提高以及铁路客站从单一功能型向城市综合型方向的发展，对铁路客站功能方面提出了不断发展完善的新需求，其中包括：短捷的换乘距离、舒适的换乘条件；充分的空间容量与舒适的空间环境；一目了然的标识引导系统，完善的服务设施和人性化的细节设计；智能化趋势；安全保障性强等等。这反映出人们在时空概念方面的更新，以及对方便、快捷、舒适和安全性等方面的更高追求。如前所述，铁路客站的功能系统一般由客站广场、站房和站场客运设施三个要素组成，这三部分之间的总体布局在第三章已进行了一些论述，下面分别探讨这三部分功能变化、布局特点以及功能适应性等问题。

## 一、客站广场的功能组织与布局研究

客站广场是联结客站与城市的“纽带”，是铁路与城市公共交通体系换乘的主要场所。它是客站的三大组成部分之一，与站房、站场在使用功能上有密切的关系，是铁路客站建筑设计中的一个重要环节。客站广场的功能主要有三种：交通功能、环境功能和城市结点功能。交通功能是指组织旅客和各种车辆在广场上安全、迅速地集散，完成铁路和其他交通方式间的换乘；环境功能是指客站广场能营造良好的城市环境空间，为旅客提供舒适、便捷的换乘环境；城市节点功能是指广场联系周边、吸引周边的功能，是站前广场发展成为功能复杂的城市节点后所具备的主要功能。其中，客站广场最重要的交通功能设计具体应包括广场交通与城市交通的衔接；广场上各种场地规划的布局，如车行通道、停车场和乘降站点、步行活动场地的布置、人行通道的布置等；广场建筑的规划布局等。

### （一）客站广场功能布局的发展过程

我国几代铁路客站都扮演了“城市门户”的角色，宏大的站前广场是体现客站形象的重要条件，因此客站广场还兼具城市形象功能，是城市重要的景观节点。传统铁路客站的站前广场一般由站房平台、客站专用场地、服务性建筑、公交停靠和非机动车停车场、绿化景观用地等组成，其功能定位主要是发挥广场的交通功能，功能布局主要在平面上解决，与城市交通的衔接方式以平面衔接为主。站前广场承担了应急疏散的需要。中国人口众多，客流有季节性出行不均衡和相当大部分旅客出行经验不足的特点。为了满足出行高峰期的应急疏散和临时候车、排队购票等需要，广场的面积相对较大，这是目前的国情所决定的。比如坐落于我国劳务大省四川省成都市的成都北站，在春运客流高峰期间，数十万民工在站前广场一般要滞留数天才会离开。而作为南方打工人流集散地的广州站，在春运期间更是会有几十万人滞留，站前广场和候车室的面积应对这种情况显得相当被动。因此，在分析我国铁路客站的时候，一定要结合客站使用人群以及他们各自的需求特征来分析。

随着我国铁路的全面提速，尤其是以高速客运专线、城际快铁为主要客流的铁路客站，由于购票程序的多样化、铁路行车组织的“公交化”以及综合换乘的高效性，客站流线模式逐渐由“等候式”向“通过式”转变，旅客在站滞留时间将大大降低。因此，客站对广场以及候车室的要求也会有不同程度的降低，广场的功能定位和布局模式也将相应变化。

在新型客站设计中，广场与站房、站场等相互融合，交通广场上的步行区与城市轨道交通、公交停车区、出租车停车区、社会车停车区等车行区联系紧密，注重不同交通方式之间“零换乘”的要求，这样可以更好地利用空间、节约土地、缩短旅客步行距离，提高铁路客站的运营效率。广场的布局模式随之由平面向立体转化，广场与城市道路的衔接方式也逐渐由平面向立体衔接方式过渡。这是当代客站广场的发展趋势，最新规划的上海虹桥综合交通枢纽（图4-1）就未设置超大的广场。

### （二） 客站广场功能布局原则

客站广场最重要的功能是其交通功能。我国大多数站前广场主要是交通功能性广场。交通功能性广场一般划分为步行区和车行区。广场的换乘方式包括铁路与公共汽车、市内轨道交通、社会车辆以及出租车的换乘。客站广场综合功能布局的基本要求是：满足广场最主要的功能，提高换乘效率，解决人流、车流的优化组织；经济合理，有发展余地；注重空间环境效果和地域特色；因地制宜，灵活布置等等，客站广场功能布局应遵循以下原则。

1. 公交优先

列车到发时是以大容量人流集散为主，而公共交通是旅客集散的主要交通工具，因此广场处旅客的换乘也应以大容量的公共交通为主，公交枢纽应紧靠出站口;社会停车场的设置宜相对远离枢纽进出口的位置，以确保公交优先。出租车停靠点应临靠公交枢纽设置，以方便与公交之间的换乘。

图4-1 虹桥综合交通枢纽鸟瞰图

2. 人车分流、流停分离

首先是人、车行走的路线和空间要分开，其次是人、车行走与等待的空间要分离。尽量缩短站房出入口与广场停车位置之间以及站房与各站台之间的旅客行程；步行系统应保证不同公共交通方式间换乘的连续性、便捷性，力求缩短旅客的流程距离。

3. 流线互不交叉

不同类型交通方式之间避免相互交叉、干扰和迂回，做到流线简捷、通顺。在广场周边商业附属设施进出的交通，不能影响换乘通道的通畅。

### （三）客站广场功能布局模式

客站广场的功能布局模式跟客站的规模、类型和性质有紧密联系。随着客站广场功能的发展，其主要表现为下面两种模式。

1. 平面布局模式

我国传统的铁路客站广场均采用平面布局模式。这一布局模式在当代的中小型铁路客站中仍继续沿用。这种类型的广场的主要功能是组织交通的集散，力求各种交通分流，将广场上的人流与车流、客流与货流、进站交通流与出站交通流、机动车辆与非机动车辆、广场交通流与城市过境交通流，以及公交、出租、专用等各种不同的机动车辆分开，使它们各有独立的走行路线和活动、停放场所，并将它们之间的交叉减少到最低限度。例如成都北站广场、上海站广场、淮安站广场（图4-2）等。

2. 立体布局模式

随着铁路客运流量和城市交通容量的迅速扩展，如仍采用分割广场平面来组织站前广场交通，必然会导致人车混杂、交通混乱的局面，广场交通组织采用立交方式势在必行。20世纪90年代以来，许多新建、改建的铁路客站（如深圳站、广州东站、苏州站和杭州站等）站前广场都成功地采用了立交方式组织交通，站前广场的空间组合模式已经由平面转向立体。

广场立体布局模式适用于旅客集散量较大的大、中城市铁路客站。广场建有多层步行系统或立体车行系统，是各种交通方式间的换乘枢纽。

改建后的苏州站位于新、老区交界的原站房位置，主体站房对称布置在铁路站

图4-2　淮安站广场

台中心线上，南广场西侧是公交停车和行包停车场，中部是步行广场，东侧是出租车落客区、社会停车场和贵宾停车场。北广场采用高架进站形式，地面结合商业用房，设公交车和长途车停车场。社会车和出租车在高架平台落客，停车场、载客区在广场地下紧邻出站厅布置。出站旅客在地下可直接进入地铁乘降区离站。图4-3为苏州站总平面图。

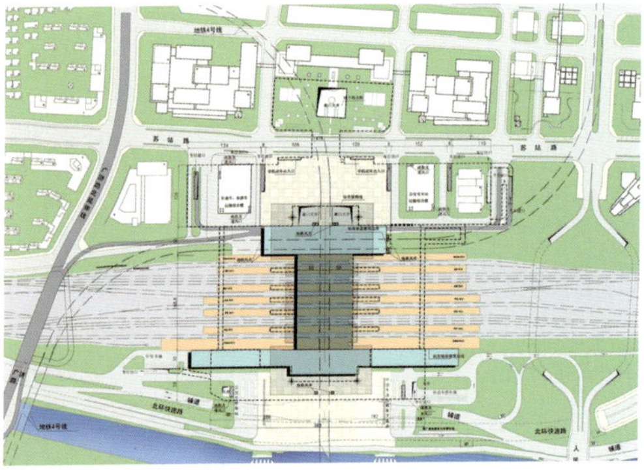

图4-3　苏州站总平面图

北京南站广场采用的是典型的立体功能布局模式，拥有24条铁路到发线，13座客运站台，是国内规模较大的铁路客运站之一。减少占用城市土地、节约社会资源是北京南站外部功能空间设计的关键。椭圆形站房高架在铁路车场正上方，周边环绕高架环行车道所。南北两侧邻接基本站台处设了简单轻巧的进站厅，担负联系地上与地下空间的交通功能。环绕高架站房的行车道通过不同方向上的匝道与南北广场相连。为满足功能的需求，充分开发利用站前广场的地下空间。北广场为主要广场，采用三层立体布局，地面层为人行景观广场和公交下客站，地下夹层为公交车上客站，地下一层为出站广场。南广场为辅助广场，地面层为公交下客站，地下为旅客出站广场。

### （四）客站广场功能的适应性研究

1．应对旅客“季节性出行”

由于我国铁路运输的特殊性，尤其是节假日出行造成铁路客站旅客流量呈现严重的季节性不均衡性，新时期铁路客站必须充分考虑并探索在不同时间段内广场空间的最大利用及其效率。对于一些客流不均衡的大型客站，广场应考虑满足季节性或节假日高峰客流的使用需求，在春节、黄金周等客流高峰时期，客站聚散人流大，候车室容量不足，这时广场可设置临时候车设施，把广场空间作为临时的候车空间，即使没有站前大广场，也可利用周围地块安排相关的布局与组织。

2．适应城市交通体系的发展

客站广场的功能布局应针对城市交通容量的发展留有余地，考虑与城市规划中的交通系统的衔接，预留换乘接口与空间。

## 二、站房的功能组织与布局研究

站房是客站建筑的主体，站房中设有

为旅客使用的公共区和客站运营管理工作所需要非公共区，如售票室、行包房等。站房内可供旅客使用的房间及设备分为已检票区（如绿色通道）和进站通廊；非付费区，如进站广厅、售票厅、行包托取厅、旅客服务设施、出站厅等。候车空间则可根据客流情况确定。非公共区的各类房间和设备也应根据客站的规模、性质等具体要求配置的。

**（一）站房功能布局的发展趋势**

一是随着大规模铁路客运专线的建设以及既有线提速改造工程的实施，旅客列车运行速度和列车的接发频率都将大大提高，铁路旅客运输能力和运输质量将会大幅提升，铁路客运正逐步向高速化、公交化发展。铁路客站的客流集散状况将会随之发生巨大变化，这些变化主要表现为旅客在客站内滞留时间大大缩短，站房空间将逐步由以往等候式的静态空间向通过式的动态空间转变。二是随着城市交通体系的快速发展、城市交通容量的不断扩大，旅客能更迅速地集散和换乘，在站停留的时间也将会大大缩短，候车空间的容量、形式和内容也应有相应的变化。三是网上订票、电话订票、自动售票系统、自动检验票系统、客站电子显示查询系统以及客站指示系统等现代科技及信息手段的运用，不但使传统的售票空间得以减少，也使旅客通过客站的速度加快，候车空间逐渐由“等候式”向“通过式”转变。四是随着经济社会的发展，人民生活水平的提高，社会活动节奏的加快，将进一步增强旅客的时间价值观念，出行需求、方式和出行习惯也在逐渐发生变化。这些都将极大地促进铁路站房的功能布局模式的发展与变化。

**（二）站房功能布局的发展阶段**

随着铁路运输与客站建设的发展，我国铁路站房的功能组织在不同的阶段形成了具有不同特点的布局模式。相对于国外铁路客站功能布局模式所经历的单一的站台空间阶段、完备的等候式空间阶段、简捷的通过式空间和高效的综合空间阶段，我国铁路客站站房功能布局模式大约可分为以下几个阶段。

1. 分散等候式空间模式

改革开放之前，铁路运输效率低下、城市交通落后，旅客不得不在站内等候很长时间。因此，这一时期的功能布局模式主要是以候车大厅为核心的分散式以及少量的以营业大厅为主的分散式。

以候车大厅为核心的分散式是我国传统的站房布局方式，其特征是客站的站房、站场、站前广场以及外围服务设施，均在同一个平面上分散展开的构成方式。这种方式以候车大厅为核心，将候车区和进站通路组织为一个大空间，构成站房的主体；将售票厅、行包房、出站口、邮政、餐饮、购物等内容，按与候车厅的相关程度分散布置。对外交通主要依靠站前广场来组织，广场成为各部分之间的纽带和集散枢纽。这种布局方式适合旅客在站停留时间较长的客站。图4-4为候车厅式布局示意图，4-5为南京站平面示意图。

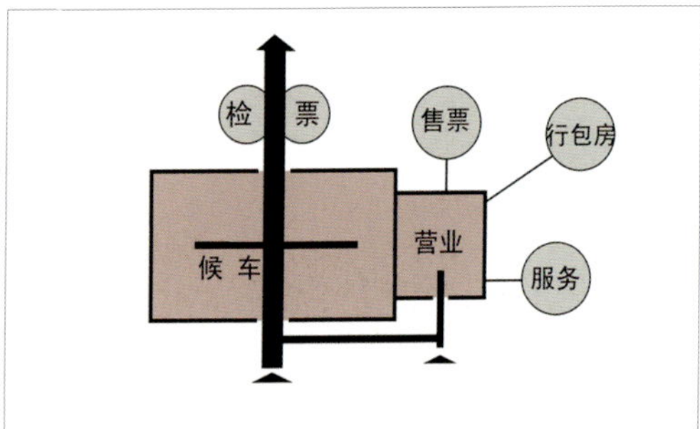


图4-4 候车厅式布局示意图

## 2．集中等候式空间和高架候车模式

自1987年以来，我国铁路部门开始对一些大中型铁路客站进行改造、重建。等候式车站的建筑空间组合模式在这一阶段大量的设计实践当中得到了很大的发展，发生了一些重要变化。一是在缩短旅客流线的设计思想指导下，大、中型铁路客站站房内部的布局出现了由复杂、大规模向简化、紧凑演变的趋势，以成都站、武昌站、重庆沙坪坝站等设计实例为代表，“我国的特大型综合站功能布局应由多个分向候车厅逐步发展成少数集中候车厅或集中综合厅，以简化旅客进站流程”的观点得到了认可。二是计算机信息技术的运用和铁路市场营销观念的形成，对客站售票厅的建筑空间组合模式产生了重大影响。传统的集中设置在客站的售票厅出现了分散和弱化的趋势，售票厅在车站流线上的位置也日益相对独立出来。三是行包托运已经成为独立于客运以外的单独运输业务，行包流线转变为完全独立的系统，

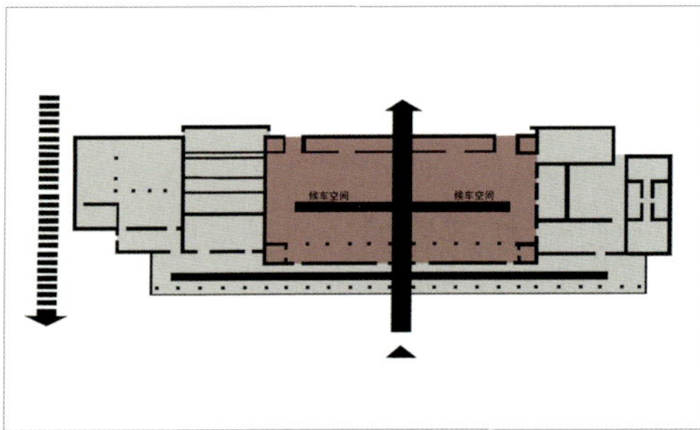

4-5 南京站平面示意图

与旅客流线基本无关。四是大中型客站对旅客行李进行安全检查，已经成为旅客流线当中的一个必不可少的重要环节。这个阶段主要的功能布局方式为以分配大厅为核心的集中式布局。

以分配大厅为主的集中式布局主要是指大型和特大型客站，为了有序组织不同车次与方向的旅客，避免人流过分集中和相互干扰，多采用以分配广厅为中心，围绕它布置几个候车室和营业服务部分的平面布局。其中，分配广厅又可分为横向分配广厅与纵向分配广厅如图4-6所示。这种布局方式的优点是空间划分明确，可以

按分线方式划分候车区，便于组织管理和客运服务，结构构造简单，通风采光易于处理。但这种类型的客站，交通面积所占比例较大，空间使用效率低下，旅客进站流线冗长迂回，流线交叉干扰大，客流疏解不畅，候车环境普遍比较差，服务效率低下。空间流线若处理不当，横向候车室易形成“袋形候车室”，尤其是二层的“袋口”处易为旅客聚集堵塞，所以无法适应客运交通的高速度、高效率和高质量的需求，因此多见于铁路客运不够发达时期、旅客在站停留时间较长的客站。典型的例子是北京西客站、上海站、成都站、重庆站等（图4-7北京站候车模式示意图）。

在这个时期，大型铁路客站出现了高架候车的布局形式，在国内客站设计的首次运用是在上海站（图4-8），采用“南北开口、高架候车”的布局，这是我国铁路大型客站建设史上的一次突破和创新，是在客站整体建筑空间组合模式层面上向前迈开的一大步。此后的一大批客站（如北京西站、杭州新站等）均采用了这种空间组织形式。

高架候车空间的组织模式有如下特点：旅客进站时能从所在候车室的检票口最快捷地进入相应的站台，加快了旅客进站速度，从候车室进入站台的距离大大

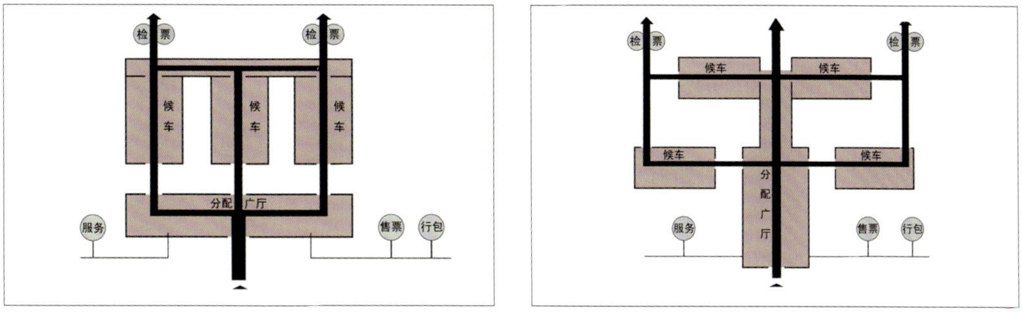


a)横向分配广厅　　b)纵向分配广厅

图4-6　分配广厅布局模式示意图

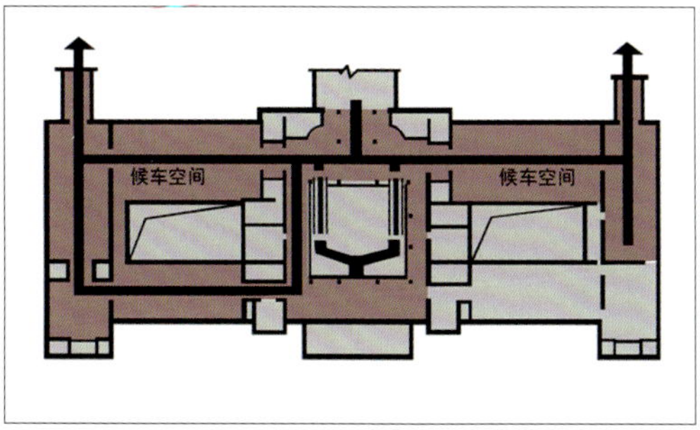


图4-7　北京站候车模式示意图

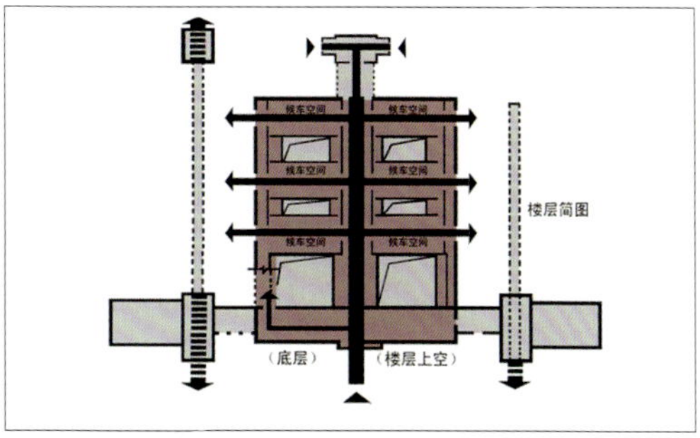


图4-8　上海站楼层简图

缩短，有效地减少了拥挤混乱的现象；传统的线侧式站房往往只能选址在城市的边缘，以免割裂和影响城市空间的发展。高架候车室使轨道两侧双向进站成为可能，也就将客站建筑引入市区，更方便旅客的换乘，站房主体进深减小，交通面积也有效减小，节约了用地。

3．快速通过式空间模式

随着铁路运输的发展，旅客在客站内的滞留时间缩短，流动加快。客站站房功能设计开始朝着简化、紧凑、高效的方向发展。许多客站的候车空间抛弃了传统繁复的功能空间划分，转向具有复合功能的多功能大厅。这时的客站已经具有了现代交通建筑通过式空间的明显特征。这一阶段的功能布局模式主要有以平面综合厅为核心的集中式和以高效立体化综合空间为核心的通过式。

以平面综合厅为核心的集中式布局方式，是将客站中旅客使用频率最高的候车部分简化，并与售票、行包、问讯等部分与公共交通部分合并组织在一个统一的空间内，形成一个综合性多功能的活动大厅。图4-9为综合厅式布局示意图。

这种布局的优点是：旅客在厅内往往只做短暂停留,大厅内的空间组织流线顺畅，进入大厅一目了然，易找到各不相同的功能部分；可灵活划分不同空间，候车、服务、检票等活动空间可调节使用；大厅开阔完整、采光通风良好，结构简单。其缺点是：仍然是平面展开式的布局，只适宜旅客在站内停留时间短的客站，如果客站规模较大、旅客停留时间较长、旅客组成复杂，这种布局就会造成各种流线的相互干扰，无法适应多模式换乘的要求，也无法适应多功能要求的轨道站上方空间的开发。一般较大型的客站不宜采用这种形式。

这种模式多见于国外的中小型客站，较典型是加拿大渥太华火车站、荷兰鹿特丹总站（图4-10）和西班牙的萨

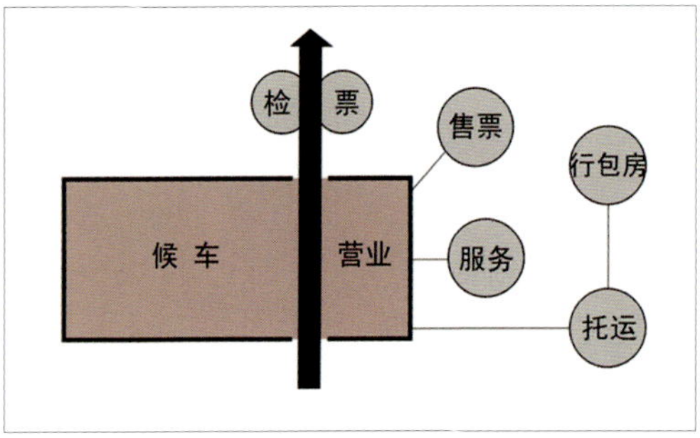


图4-9　综合厅式布局示意图

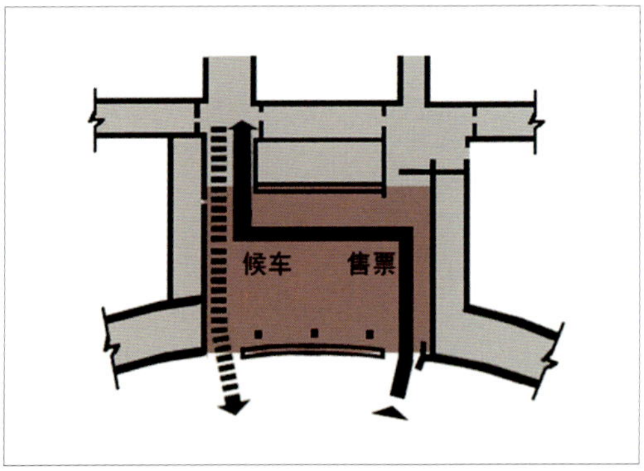


图4-10　荷兰鹿特丹站平面示意

拉门卡火车站（RTKL)。这种模式对我国新建的中小型客站有一定的借鉴作用，辽宁锦州南站、葫芦岛北站就是采用了这种布局模式。

以高效立体化综合空间为核心的通过式布局则成为大型铁路客站主流模式。随着城市综合交通体系的发展以及综合换乘概念的引入，铁路客站从以往封闭单一的运营模式转变为多种交通方式无缝连接、追求“零换乘”的新型综合交通枢纽。站房空间简化的趋势日益明显，许多以往客站站房设计中独立封闭的功能空间被取消或者以新的形式融入综合大厅，使站内空间形成了一个融合的整体，内部空间界面层次最大限度地简化，流线十分简洁，从平面到立体，以一个或多个通过式综合厅为中枢，把多种交通工具立体交叉地组织在一起，外围设置商场、餐饮、旅馆商业空间等多种服务设施的综合交通功能布局模式。各类服务设施有多个通道与综合大厅相连,构成了综合性、多功能客站所特有的多种空间相互穿插的复合布局。这种方式多采用高架式和线下式等多种组织形式，力求使旅客进站的流线简短而便捷。

归纳这种模式的特点：一是站台具有临时候车功能，候车大厅多与售票厅合并，形成综合性、通过式大厅，交通流线组织以疏导为主，便捷高效。二是以综合厅为核心立体化组织旅客的各种活动，合理安排多层的客运线路和不同的功能内容，使候车、商业服务、进出站等各种活动结合得更为简便自如，为枢纽站的基本空间与商业及其他服务设施的紧密结合提供可能性。三是将以往集中、单向检票入站模式改为分散、双向直接出入站模式。自动售票机和自动检票机的广泛应用，使单一的进出站分离方式转变为多个分散、出入兼容的进出站方式，各个服务区域与站台之间的关系更为通畅，方便了来自各个方向的乘客。四是各种交通工具立体衔接，旅客多向分流集散，出入快捷，建筑空间集约开放，节省城市用地，站前广场摆脱了人车混杂的局面。国内较为典型的例子有北京南站、上海南站，国外有德国柏林火车站、日本大阪天王寺车站、日本九州转运站、西班牙阿班多转运站等。

上海南站的内部空间有机将候车、售票、检票、后勤、上月台这些在传统客站内分隔明显的功能区域有机地组织在同一个屋檐下的大空间中，一目了然，流线自明。高架候车厅空间分隔灵活，检票口类似地铁站，分段多口布置。候车厅外围为贯通的通道，数座自动扶梯和楼梯直通每个站台，使得候车旅客登上站台的距离最大限度地缩短。

从以上我国几个阶段客站站房功能布

局模式的发展演变来看，我国客站的功能布局模式正朝着紧凑简化、功能融合的方向发展。

### （三）站房功能空间组成与特点

站房的功能空间可以分为交通功能空间和辅助功能空间。交通功能空间是指与铁路运输、客运交通有关的功能空间，是客运站的核心空间，其他功能空间都是围绕交通功能空间展开并有机联系形成整体。

1．交通功能空间

交通功能空间可分为出站空间、入站空间和内部使用空间三个部分。

（1）出站空间：出站集散厅是到达旅客换乘其他交通工具的分配空间，是客站内部人流最集中、方向最复杂的空间。出站厅应与进站厅在流线上分开设置，如在同层，则应保持相当的缓冲地带。出站厅在设计中应加强通过性和导向性，尽量靠近站前广场上主要交通车辆的离站停车场，检票口外应有足够面积的缓冲区域。图4-11 北京南站出站广厅。

（2）入站空间：进站集散厅是分配进站客流的交通功能空间，同时还兼具问讯、办理票务及各种服务、临时集聚等候的功能。进站集散厅应靠近各种车辆停靠落客区域，让步行旅客易于寻找，一般布置在站房的中心位置。进站集散厅应开敞明亮、视线通透，具有极强的空间

图4-11　北京南站出站广厅

识别性和导向性。在传统铁路客站中，通常只有一个旅客主要入口，且入口处设置安检，这个空间就成为进站流线中的一个“瓶颈”，常常造成拥堵，往往不得不设置专门的缓冲区域。在新型客站中，普遍采用了多方向、多入口的形式，以方便从城市不同方向到达的人流以最简捷的路线进站，同时也有效分解了客流进站相对集中的问题，方便了旅客的使用。例如北京南站就采用了东西和南北四个方向的进站口，分别解决了出租车、小汽车与公交车的进站流线，如图4-12所示。

图4-12　北京南站进站广厅

（3）内部使用空间：内部使用空间中最主要的就是候车空间和售票空间。

候车空间是铁路客站站房最重要的功能空间之一。我国传统铁路客站候车室面积大，候车时间长，客流众多。候车空间的布置方式在平面上可分为横向集中式布置、横向分线式布置、纵向分散式布置等，如图4-13所示，在剖面上有线侧式、全线下式和将站房候车厅设于客运车场上层的高架式布置形式，如图4-14所示。高架候车空间具有站房进深短的特点，减少了占地和既有建筑物拆迁工程量，同时还为旅客上车提供了最短、最便捷的行程流线。

当前，随着铁路客站由单纯性旅客站房向多功能综合交通枢纽的转变，传统的等候式客站，尤其是大中型站中存在的候车室分区划分严格、空间缺乏弹性、空间利用率低，服务路线长，服务水平不高等问题已经无法适应现代社会发展和旅客出行需要。当代铁路客站内部空间一般不再采用实体分隔墙的方式，站内候车厅布局由不同方向独立候车厅的设置模式逐步向集中候车厅或综合候车厅转变，候车空间由分散向集中转变，可以有效提高候车空间的使用效率,简化旅客通过流程。这样形成的站房内部空间开敞、明亮，对普通候车区、无障碍候车区、商务贵宾区、母婴区以及商业服务区等功能空间采用绿

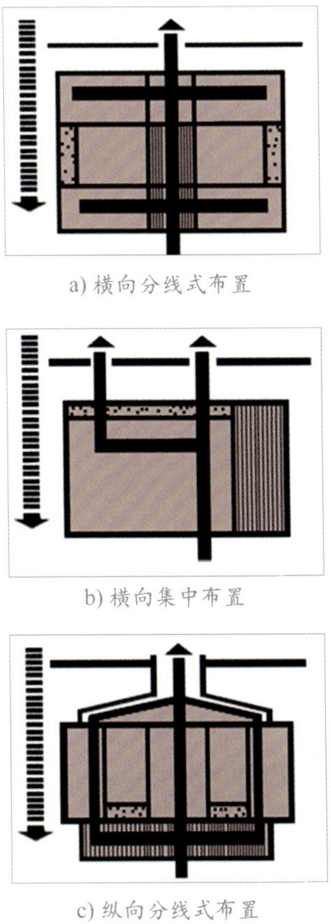

a) 横向分线式布置

b) 横向集中布置

c) 纵向分线式布置

图4-13　候车室平面布置方式示意图

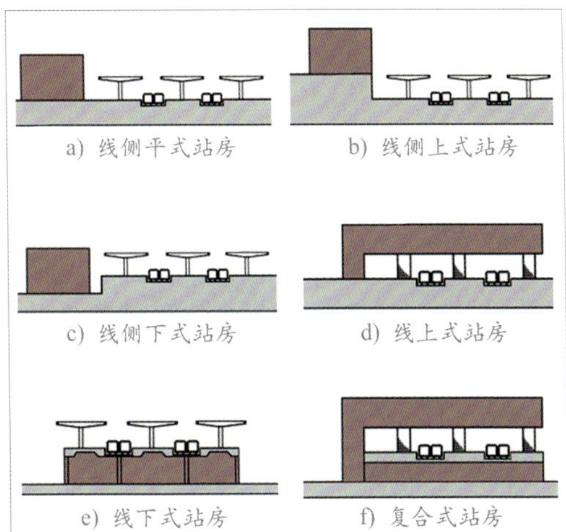

a) 线侧平式站房　b) 线侧上式站房

c) 线侧下式站房　d) 线上式站房

e) 线下式站房　f) 复合式站房

图4-14　候车室剖面置方式示意图

化、座椅、服务台等软质界面进行区域划分，使得各部分区域都在一个整体空间之下，使用划分非常灵活，并能充分适应将来客流性质发生变化后的使用。比如候车空间总体上呈现逐步减少的趋势，逐渐由“等候式”向“通过式”过渡。图4-15为北京南站中央候车大厅。

售票厅在我国传统铁路客站中是仅次于候车大厅的大空间，售票窗口数量和列队长度十分可观。传统大型客站售票厅通常设置在进站口和出站口之间，常常造成流量越来越大的购票人流与进站、出站人流的冲突，秩序混乱，如成都北站、广州站等。随着计算机信息技术的运用和电子售票的普及，传统的集中式售票厅呈分散和弱化的趋势，集中售票大厅已不再是新型铁路客站建筑的必需空间，取而代之的是分散的售票空间和售票方式。一部分售票空间和进站广厅合并，一部分可在客站内分设几处设置售票厅。在新建的客运专线和城际铁路客站还尝试采用了分散在站内各处的人工售票点与进站流线上的自动售票机相结合的售票方式。图4-16为北京南站售票厅。

图4-15　北京南站中央候车大厅

图4-16　北京南站售票厅

2．辅助功能空间

辅助功能空间系指与旅客乘坐交通工具没有必然关联的功能空间，是客站功能布局复合化与城市化的必要组成部分和机能协调部分。辅助功能空间的设置使铁路客站成为体现现代社会生活的一个城市节点，给使用者提供全方位、区域化、经济性服务。辅助功能空间主要包括管理区和服务区。管理区是为公共区提供服务功能的区域，应设在相对次要的位置，充分利用空间。传统客站的管理区相对独立，以小隔间、单开间为主；新型客站的管理区则采用相对集中的开敞空间，灵活划分和使用。服务区则包括了商业空间、服务空间、信息空间、金融空间、餐饮空间、娱乐空间等，可以与进出站集散厅、候车空间和售票空间等整合在一个大空间里，方便旅客的使用。

### （四） 复合功能空间的有机整合

1．站房复合空间的内涵

当代铁路客站站房的复合功能空间内涵主要包括功能的复合性、空间的多元化及空间的立体化三个方面。

（1）功能的复合性：一是在新型客站内部大空间中将售票、候车、商业、服务等功能融合为一体。二是综合交通枢纽站对诸如铁路、城市轨道交通、航空等综合换乘的多种交通功能复合。三是客站综合体在办公、居住、商业、交通等不同性质上的功能复合。

在以铁路客站为中心的综合交通枢纽中，功能空间的高度复合，主要体现在候车空间、换乘空间、站台空间和其他辅助空间等曾经在站房中相互独立的空间形态，在这里得到了最大限度的融合，以多功能综合大厅的形式代替了传统的、独立的候车大厅。

（2）空间的多元化：客站的空间组织形式表现出很强的公共性，在广场、广厅、换乘区、联系廊道等重要结点，各功能空间彼此界限模糊、相互融合；同时，车站空间还具备建筑个体空间和城市公共空间的双重性质和归属。这种复合空间由旅客与市民共同享用，在功能上强化了车站与城市间的直接联系，同时也大大提升了空间使用效益。在这种一体化空间体系中，等候、换乘、购物、娱乐、餐饮等功能互动，一面是流畅、便捷、舒适且充满生气，另一面则是无限商机。

（3）空间的立体化：利用空间穿插的方法将车站的交通与非交通空间立体交叉，使车站既充分利用土地资源又获取最大的经济效益。利用空间层叠的方法将传统集中于地面或近地面层的功能和环境元素向地上地下两方向延伸和扩展，实现车站地面的再造和增值。

铁路客站的复合功能空间具有功能组织和空间组织复杂的特点，在功能设计中需进行有机整合。

2．站房复合空间有机整合的方法

（1）整合原则：注重与城市空间相协调，铁路客站站房作为城市空间结构的有机构成部分，应注意与城市形态、城市交通空间的关系与衔接。注重系统化整合，应先进行总体空间设计与布局，再进行系统内部的空间组合，最后进行具体单位空间的设计。由于各层面是相互影响、制约的关系，在进行总体空间布局时，必须考虑各功能空间的性质，数量及交通、用地因素来进行统筹布局以达到整体系统的最优。

（2）整合方式：铁路客站的功能构成不同，其空间及交通组织方式亦不相同。在复合空间的整合中，结合水平与竖向两个向度立体的功能空间布局，可采用一定的空间组织手段或要素，将各功能空间子系统搭建成为有机联系、秩序井然、结构清晰的空间系统。其功能空间的整合方式主要是前面已经提到的两种：一是空间穿插，即客站的交通与非交通空间在三维坐标系中立体穿插，从而促进交通和多功能的双重整合。二是空间层叠，即将传统集中于地面或近地面层，以公共性为主的功能和环境元素向地上地下两方向延伸和扩展，从而实现客站地面的再造和增值。客站地上和地下空间正在成为城市空间区位构成的重要组成元素，下沉广场、高架广场、地下步道、架空步道等建筑元素层出不穷。其构成分为以下几个层次：地上的近地面层公共性较强，为高架进站设施、高架广场、高架车道、高架天桥、商业和联系商业廊道；地上的远地面层为旅馆、办公等。地面层的公共性较强，主要为站前活动区、与城市衔接的步行区，上下层衔接口、车道、车辆上客区、停车场地；地下层主要用于换乘功能，由客站地下出站通道、地铁、停车场、商业开发、通道等要素组成的完善换乘系统。

香港九龙车站的各部分由中央大厅连接，通过中庭与车站上空及建筑群综合体连成一体，如图4-17所示。中庭屋顶为下面的车站大厅提供自然采光，三个巨大的温室位于各个广场的中心，将花园环境引入中层的车站大厅，为车站提供日照，而且是平台进入车站的入口。车站大厅内安徘了穿梭于车站各处的垂直动线，并且可以由此到达上层的城市空间之中。拱形屋顶之下，有六层公众区和一层服务区，沿着南北向铁路轴线设有电动扶梯和楼梯，通过电梯，大厅向地面以下延伸14m，可以达到地面最低层的东涌地铁站月台。除了34 条电动扶梯和71 条楼梯外，还可以通过装有玻璃外罩的电梯在这些楼层之间通行。客站的设计注重视觉通畅和楼层之间的通透性，尽可能为乘客提供最大的便利。

### （五）站房功能的适应性研究

1. 站房功能对旅客高峰流量的适应性

根据我国旅客“季节性出行”的特定国情，对于一些客流不均衡的大型客站，考虑满足季节性或节假日高峰客流的使用需求，客站设计中除了要考虑外部场地与站台季节性拓展空间的主动应对策略外，在站房功能设计上也应采取灵活多变的适应性措施。对于候车空间的处理，可以通过增加弹性候车方式加以解决。一是在候车厅坐席安排上，可以考虑平时适当增加单位面积指标，以加强旅客候车时的舒适性；到客运高峰时期，则可以通过减小单位面积指标，以增加坐席。二是候车厅内商业餐饮功能空间，应尽量采用灵活多变的开放式布局。平时以舒适的环境满足不同层次候车旅客需求，同时增加客站收入；客运高峰时期则可进行压缩和转移，以增加额外的候车空间。三是对于候车厅内的交通空间，正常情况下，坐席分组布置，通道面积可适当放宽；客运高峰时期，则可适当减少分组数量，加大每一坐席区的坐席数量，以节省出通道面积，提供额外的候车空间。四是吸烟区、餐饮等辅助功能空间可采用活动隔断等措施，改变以往客站设计中固定划分的做法，以确保在客流高峰时期增加弹性候车空间。

2. 站房功能对未来功能变化的适应性

我国现有的国情条件决定了站房等候式和通过式相结合的流线模式还将存在较长一段时间，因此，我国近期设计修建的铁路客站，最主要的大空间依然是候车空间。但随着客站流线由“等候式”逐渐向“通过式”转化，候车空间面积会呈现减少的趋势，已有的候车大空间如何应对功能的转变与发展是需要超前给予关注的问

4-18 香港九龙站剖面图

题。这就要求站房的平面布局应该以综合大厅为中心，代替以候车区为中心的格局，综合大厅里的各分项功能如候车区、售票区、服务区、商业、餐饮区等的布置采用开敞空间、灵活分隔。建筑设计的主要原则是设置“宽泛”的候车空间，空间开敞，赋予内部布局改变的最大自由度，同时大空间柱网应相对规整，层高不宜过低，保证配件的标准化，为将来功能调整和转换以及改、扩建提供足够的可行性。当未来站房功能空间发展为以通过式为主的模式时，处于进站流线附近的候车空间可以转化交通空间的面积，同时也可以扩大其他商业辅助空间的面积。

国外在这方面有很多客站建设的案例，例如英国温布利车站的集散大厅，仅有的固定点是乘客电梯和支撑70m跨距的整体式屋顶的柱子，其他所有构件均由可拆卸的模块组成。售票处和控制室可以重新定位，检票设施也可以重新定位，可重新划分付费区域。零售区域可以根据情况灵活布置，甚至可以在商业区域增设一个夹层，用以提供酒吧或咖啡厅功能，卫生间亦由模块化构件组成。目前在我国的客站设计中，对于主要空间也提倡采用大空间、大跨度的手法，其中尽量减少固定设施的布置，也是为了提高对未来使用性质变化的适应性。

## 三、站场功能组织与布局研究

铁路站场是铁路客站的设计基础，包括列车到发线路、供旅客乘降和行包装卸使用的站台、站台雨篷及各种跨线设施（如天桥、地道和平过道）等，其主要功能是完成旅客的乘降、换乘以及列车的停靠和驶离。

### （一）站场功能发展趋势与布局要点

铁路站场的布置形式与站房建筑形式密切相关。在我国以往铁路客站设计中，站场与广场和站房虽相互关联但界线明显；而在当代大型、特大型铁路客站设计中，由于站台、到发线数量较过去成倍增加，为满足旅客便捷的乘降和换乘，站场、站房以及广场这三部分的设置在平面位置和空间关系上逐步趋于重叠和融合，形成综合交通枢纽。因此也可以说，正是站场布置形式的创新带来了铁路客站的根本性变化。

#### 1. 站台功能发展趋势与布局特点

我国以往铁路客站的流线模式是“等候式”，候车室是站房最大、最重要的空间，站台只是供旅客乘降及货物装卸的基础平台。而许多铁路系统发达的国家的铁路客流流线大多为“通过式”，站房空间是提供短暂候车、信息、购票、换乘、购物、休憩等复合功能的场所，站台和雨篷构成的空间才是最主要的旅客集散空间，也是铁路客站最重要的、最富有感染力的空间。

随着我国铁路客站功能向“通过式”的发展，尤其是铁路逐步实现“车次公交化”、“服务机场化”、“检票地铁化”以后，客站的重要空间将会从候车厅逐步转移到站台，站台空间的作用将随之加强，并最终成为主要的候车空间。

站台类型的选择要依据铁路客站的性质、规模和站房与线路的关系来确定。低型站台一般适用于中小型客站，高型站台用于旅客较多的大型客站。以往的铁路客站站台为了节约造价和方便列检等原因一般采用低站台，车门与站台间高差较大，旅客上下车很不方便。高速铁路客站的站台均采用高站台，站台高度统一加高至1.25m，与火车车厢地板持平，使旅客上下车更为轻松方便。例如武汉站的站台、候车一体化的空间和北京南站站台空间（图4-18）。

2. 雨篷功能发展趋势与布局特点

我国传统铁路客站的站台雨篷与站房相对独立，其建筑形式分为单柱式、双柱式和跨线式，主体结构材料多为钢筋混凝土，雨篷柱子立于站台之上，结构形式简单，跨度较小。当代铁路客站已趋向“站篷合一”，“无站台柱雨篷”成为我国大中型客站站台雨篷的主要模式。这种新型雨篷将柱子设置在线路中间，采用大跨钢结构形式，将各站台雨篷连为整体，雨篷覆盖整个车场，站台一览无余。

采用“站篷合一”、“无站台柱雨篷”，体现了客站设计观念上的巨大转变，符合以人为本的原则。站台上除了上下天桥地道的楼扶梯之外，不设一根雨篷立柱，最大限度地给站台上候车的旅客留下活动空间，为他们带来宽敞、通透的视

a)　　　　b)

图4-18　北京南站站台空间

觉感受，更有利于旅客的心理识别与接受，解决了风雨对旅客、机车和站台的侵扰问题，同时为未来“通过式”铁路客站将站台转变为候车空间创造了有利的条件。漂亮的无柱雨篷空间是首次到达的旅客对城市的第一印象，也是即将离开的旅客对城市的最后记忆，因此站台雨篷空间设计和车站建筑的外观同样重要。

继北京、扬州之后，我国各地陆续修建了大量的无站台柱雨篷。由于功能需要，无站台柱雨篷覆盖整个站场范围的长度可达到四、五百米，宽度则根据站台数量、站场宽度由几十米到几百米不等。雨篷高度要考虑列车通行以及与站房、天桥等高程和形态的协调，其高度达到十几米乃至二三十米。目前无站台柱雨篷最大跨度已经超过100m。图4-19为北京南站雨篷。

### （二）站场功能的适应性研究

1. 对向“通过式”转变的适应性

当代铁路客站由“等候式”向“通过式”的转变刚刚开始，结合目前国情条件，“等候式”与“通过式”两者并存的状态将持续很长一个时期，铁路客站最主要的空间还是候车大厅和综合换乘大厅，站台功能主要是为旅客上下车服务。但随着等候要求的减弱，站台最终会成为换乘的主要场所，站台设计的前瞻性十分重要。传统站台的宽度主要考虑疏散的需要，一般根据客站规模来确定。当前铁路客运专线的站台一般为岛式站台宽度不低于12m，侧式站台宽度不小于8m宽。在

图4-19　北京南站雨篷

未来的"通过式"客站中，站台空间将不仅为旅客乘降提供服务，还承担主要的候车、换乘、商业服务等功能。站台宽度设计应充分考虑未来功能的转变，适当预留发展余地，为旅客流量的增加提供弹性空间，并且兼顾可能增加的各种设施，如自动扶梯、电梯、小型商业信息设施等。

2．对立体化站场发展的适应性

在铁路运营发达的国家，相继出现了高架站场、地下站场和十字交叉的双层站场等新形式。比如德国的柏林新中央火车站（图4-20）这种立体化的站场大大节约了用地，促进了客站功能的一体化。随着我国铁路建设的快速发展，立体化站场必然会出现，我们必须在客站规划与技术准备上提前做好筹划。最新设计的深圳福田站（图4-21），就是一个全地下式车站。新广州站是高架站场模式，其高架站场下方引入了多条公交车站点，公交与铁路客站形成垂直换乘的关系，十分便捷。

图4-20　柏林新中央火车站

图4-21　福田站站场空间

## 第三节　不同铁路客站的功能差异性分析

### 一、不同规模铁路客站功能的差异性

铁路客站规模可根据最高聚集人数、日均旅客发送量和高峰小时乘降量三个指标来确定。不同规模铁路客站的功能组成也不同。

特大型与大型客站的高峰发送旅客规模在5000人以上，这些客站一般位于副省级、首府、计划单列市及以上城市。旅客人流的季节性变化大、城市交通系统相对完善且在快速发展，铁路客站往往成为这类城市的综合交通枢纽。中小型客站的高峰发送旅客规模在5000人以下，涉及的城市一般为地区级城市、旅游城市和县市级城市规模。中、小站铁路客站与大型铁路

大型客站由于规模庞大、功能复杂，“综合换乘”是其换乘模式的发展方向，旅客无需出站，通过换乘功能空间组织站内各功能要素和交通要素，实现各种交通工具之间的综合换乘。大型客站由于流线比较复杂，大型客站流线组织重点强调其通过性和导向性，尽量使流线便捷顺畅。

铁路客站规模表　　表4-1

| 客运站规模 | 普速铁路车站 | 客运专线车站 |
|---|---|---|
| | 最高聚集人数$H$（人） | 高峰小时发送量$pH$（人） |
| 小站型 | $100 \leqslant H \leqslant 600$ | $pH < 1000$ |
| 中型站 | $600 \leqslant H < 3000$ | $1000 \leqslant pH < 5000$ |
| 大型站 | $3000 \leqslant H < 10000$ | $5000 \leqslant pH < 10000$ |
| 特大型站 | $H \geqslant 10000$ | $pH \leqslant 10000$ |

客站相比，多位于中小城市。大型铁路客站与中小型铁路客站，由于规模不同，其功能组成与布局、流线组织的方式存在以下几方面的差异。

### （一）城市交通换乘模式的差异

大型客站的换乘体系相比中小型铁路客站具有更综合、更复杂的特点，一般包括：对外换乘，如铁路、长途客运、飞机、轮船；对内换乘，如公交汽车、有轨电车、轻轨、地铁、出租车、私家车、社会车辆等。而中小型铁路客站的换乘相对简单，一般以铁路、长途客运、公交汽车、出租车、私家车、社会车辆为主。

而中小型铁路客站由于换乘体系的简化，旅客流线也相对单一，更容易实现“零换乘”。一般的大型站要考虑和城市轨道交通的换乘，而中、小站铁路客站则通常需要结合站前空间进行整体的换乘组织，主要考虑与公交车、出租车和社会车辆之间的换乘，尤其是与城市公交之间的换乘最为重要。客站广场的流线设计遵循“公交优先”的原则，结合地形，尽量在平面上组织流线，必要时才采用立体交通组织。比如：丽江站、延安站、法国埃维组（TGV）火车站。

### （二）内部功能空间组织的差异

我国传统的“等候型”大型铁路客站，为了解决分流和便于管理，往往由门厅、分配厅串联不同线路的候车室，内部空间组织非常复杂。当代铁路客站由于功能的复合化转变，功能空间布局由平面向立体模式转变，空间组织趋于一体化，内部空间规模一般比较宏大。

中小型客站由于车次数量和客流相对较少，在空间规模上远小于大型客站。中小型站进出站的流线在距离上要比大型站短，站房内部的流线组织相对简洁，更容易将各功能部分灵活组织在一个一目了然的大空间里，营造出通透开敞的室内外空间。由于车次的数量相对较少，旅客的候车时间相对较长，中小型客站在一段时间内都会是等候式与通过式相结合的客站类型，因此客站的内部空间环境设计就显得更重要。要研究旅客候车时的心理感受，营造出轻松自然、室内外空间融为一体的氛围，改变以往中小站房空间封闭沉重的形象。而同大型客站一样，加强客站的通过性，提高客站效率，也是中小型客站设计的发展趋势。

### （三）客站功能适应性的差异

针对我国特有的旅客“季节性出行”，客站在设计和运营管理上都应考虑在特殊情况下的应对措施。当客站正常运输作业时，应对旅客候车环境予以高度重视；而面临运输高峰时期，客站首先应能解决旅客安全、及时发送的问题。大型铁路客站除了通过外部场地与站台的季节性拓展空间来应对外，主要在站房设计上采取灵活多变的适应性措施。比如对于候车空间的处理，可以通过增加弹性候车方式加以解决。对于中小型客站而言，由于其站房内部容量及空间弹性不足，主要考虑外部场地季节性拓展的策略。比如利用车站广场的空间设置临时候车设施，把广场空间作为临时性候车空间。

## 二、不同类型铁路客站功能的差异性

铁路客站按铁路的类型可分为普速铁路客站、客运专线（高速）铁路客站、城际铁路客站、综合铁路客站等类型。我国普速铁路设计速度为200km/h及以下，一般采用客货共线的运输模式，主要特点是长编组，中长运距，方向多，列车到发间隔长、密度小，旅客在站停留时间较长，站内办理行包托取业务。高速铁路客运设计时速为300km/h及以上，其特点是高密度、短编组、短运距、“公交化”。旅客在站停留时间短，只办理客运业务，不办理行包托取作业和邮件业务。由此可见，高速铁路客运站的功能和流线与普速铁路客站相比更为简洁，没有行包房和行包流线，候车空间主要以通过式为主。

## 三、不同性质铁路客站功能的差异性

铁路客站按功能组成性质的不同可分为：交通枢纽型和城市综合体型。

交通枢纽型的铁路客站不但满足铁路旅客乘降，还要将铁路、地铁、轻轨、公交等多种交通工具有机衔接、融为一体，便利旅客乘降和换乘，是城市的交通枢纽中心，交通组织和换乘空间是功能设计的重点。

铁路客站综合体与其他类型的城市综合体建筑一样，是城市传统建筑类型和其他功能单元复合而成的多功能交叉、并存的立体空间系统。与交通枢纽型的铁路客站相比，铁路客站综合体的建筑空间具有复合与复杂的特点。一是客站综合体要处理与城市交通的换乘；二是由于综合了交通、商业、服务业、办公、居住等功能，其功能组织必须建立系统的观念，既要把综合体的空间系统作为城市空间系统的有机构成来考虑，又要将其自身当作一个机能健全的系统，内部空间系统是一个结构清晰、层次分明的有机体。因此，客站综合体的空间组织并不是传统城市交通建筑与其他功能单元的简单叠加，而是重构成为拥有系统、层次和序列的新型复合空间有机体。



# 第四节 与功能变化相适应的流线特征

新型铁路客站是一个规模宏大、功能复杂的交通体系，涉及客站内外的车流、人流及物流的组织安排，合理高效的流线组织是设计的关键。铁路客站历来把交通流线作为其设计构思的重点。交通组织的对象是与客站有关的人流、车流及货流，交通组织的目标是流线便捷，交通组织的内容包括客站各种功能的使用者如何到达或离开客站、如何便捷地在其内部各功能空间之间流动。交通组织就是要区分各种流线的性质和流动特点，根据交通流量的各种影响因素，将交通建筑的总体功能和空间布局统一进行规划和设计。

## 一、铁路客站流线组成与设计

铁路客站的基本流线有三种，即旅客流线、旅客车辆流线、其他流线（邮包行包流线、消防车流线、内部客货运输等)。其中,进站交通流的特点是：分散的各种人流车流从城市道路陆续到达广场，逐渐进入站房，进程相对缓慢，流量比较均匀，持续时间较长；而出站交通流的特点是：人流密集，时间集中，要求短时间内快速疏散，但出站交通流具有间隔性。

流线设计是指通过建筑空间的布局组合和其他设计手法，对特定范围的人流、车流、物流加以分类、组织、引导，形成有秩序、有目的的流动线路的过程。流线设计的基本原则是互不交叉、便捷合理、明确清晰。

流线设计的要点是首先要分清进出站顺序，以进站和出站分开为基本原则；旅客流线与车辆流线要分清；旅客流线与行包流线要分开；一般旅客与贵宾和专用旅客要适当分开；职工出入口与旅客出入口也要分开。设计中做到流线简捷合理、明确清晰、避免相互交叉、干扰和迂回，力求缩短旅客的流程距离。

## 二、流线与空间组合模式的关系及发展历程

铁路客站设计的首要任务是研究简捷合理的流线，选择恰当的建筑空间组合模式。铁路客站交通流线的组织与站房的功能布局、空间组合有十分密切的联系。在最具建筑艺术感染力的建筑空间设计中，流线是一条贯穿整个建筑的主旋律。应把客站空间作为一个动态系统来规划、经营，使在建筑中沿流线动的人在活动中形成连续的空间感觉。空间设计不但要求空间的变化丰富，而且还要求各种空间的流线组织要有可识别性。交通流线的组织要结合空间序列和空间结构的布局安排，详尽分析各功能部分的使用特征及行为模式，保证流线组织符合旅客在客站内的使用。一个组织得好的空间和流线会让乘客凭借自己的感觉就能找到自己需要的路线和方向，能减少不必要的交叉，提高交通的顺畅度，减少出行时间。

客站的流线组织和空间布局是由客站的基本功能和运行模式决定的，客站“建筑空间的组合模式，则是实现相应流线设计的基本空间条件”。随着铁路客站运行模式的不断丰富和变化，其流线设计对应着功能空间布局模式的发展，也经历了不同的发展阶段。

### （一）功能空间平面布局阶段的流线特征

在以往铁路客站布局中，铁路客站设计功能分区明确，站前广场、站房和站场这三大功能组成部分，往往在平面上依次排开，这是我国铁路客站传统的建筑空间组合模式。与之对应的流线组织也相对简单，站前广场是主要的换乘场所，车流和人流的组织一般在平面上采用前后分流和

左右分流来组织；旅客经站前广场进入站房候车，然后经站台层候车室和通道达到基本站台，经跨线设备到达中间站台乘车。出站经过天桥或地道到达出站口，进入站前广场疏散。线平式站房一般在平面上组织流线，出入口一般都在地面层，隔开适当的距离，左右分流；线上式一般采用天桥跨线；线下式站房一般用地道跨线。比如北京站、成都站、武昌站（图4-22）、长沙站等。

图4-22　武昌站总平面图

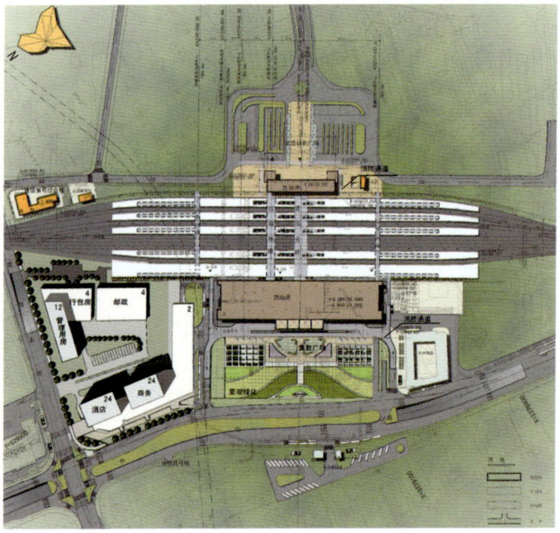

## （二）功能空间立体布局阶段的流线特征

随着铁路客运量和城市交通流量的迅速上升，我国铁路客站的功能空间从原来的平面布局，进化到了站前广场、站房、站场趋于融合的立体布局阶段，与之对应的流线组织也从二维转变为多维。首先是站前广场交通组织立体化，进、出站的流线分层设置，且有多向进口和多向出口，避免了出与入的干扰。站房内部的流线组织与复合功能空间相适应，围绕着换乘节点变得立体而紧凑。为了组织复杂的流线，满足功能的要求，常常同时利用平面和立体的分流。由此可见流线组织对建筑内、外空间形态的影响。

比如杭州铁路新客站，将站房、广场、站场作为一个有机的整体，从方便旅客换乘出发，模糊以致化解这三个部分（即站房、广场、站场）的界限，利用地下、地面、高架等三个层面来组织流线；力求各类车辆包括公交车辆的停车站（场）尽可能地与进出口靠近，以缩短旅客步行距离。

南通站（图4-23）的流线设计特点是上进下出，天桥进站，地道出站，到发分离。进站流线是乘市内公交车来的旅客在广场上公交车停车场下车，经站前平台下楼梯上至站前平台，通过车站广厅；乘小汽车来的旅客可通过广场两侧的汽车坡道上至站前平台，通过车站广厅进站。出站旅客则通过地道到达出站厅，检票后出站，分别通过广场东西两侧的公交车、出租车和社会车辆离站。

在北京南站的流线组织（图4-24）中，地铁4号线南北走向穿过站区，车站位于站房中心地下二层；地铁14号线东西走向穿过站区车站位于站房中心地下三

图4-23　南通站全景图

层；市郊铁路利用铁路普速车场做远期引入的预留。来自公交、小汽车和出租车的旅客由高架候车厅进站，来自地铁的旅客由地下换乘大厅进站；所有的旅客由地下出站。车站的客流活动中心为高架进站厅和地下一层换乘大厅，各种交通设施紧密围绕这个中心布置。小汽车和出租车流线为上进下出的组织方式，进站小汽车、出租车的落客区位于高架平台进站大厅两侧，出站小汽车、出租车的载客区位于地下一层两端的专用停车场，公交车站紧邻站房南北两侧分别布在南北广场的地面

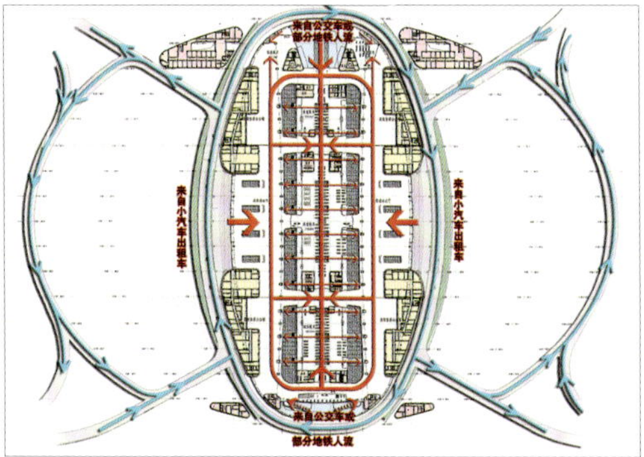


图4-24　北京南站流线设计示意图

层和地下层，地面层为落客区、地下层为载客区。位于地下一层的换乘大厅为各种旅客提供了快速换乘的场所，地铁乘客和铁路旅客可以方便地双向换乘，铁路出站旅客也可以直接进入东西两侧的小汽车、出租车载客区和南北两侧的公交载客区。

### （三）流线对功能空间的适应性研究

#### 1．应对当代营运模式的通过性

客站的运营模式分为等候式与通过式，我国的国情决定了当代铁路客站的流线模式是等候式与通过式并存，并且对通过的需求也越来越高，因此在功能设置和空间布局上都有双重性和复杂性。在流线设计中则一般以候车区兼顾等候，利用直接进站的“绿色通道”有效地实现“通过”。比如武汉站就突破了固有的必须通过中央走廊和高架候车室进站的流线，采用两侧设自由通道进候车室，中部设绿色通道进入站台的模式，旅客可以不经过候车区直接进站。

#### 2．应对新功能、新空间的导向性

当代铁路客站由于规模庞大、功能复杂、人流量大、综合空间尺度巨大，旅客在站内容易出现方位感不明确的现象，因此必须注意客站流线组织的导向性。环境的易识别性从人的空间行为与环境之间的关系出发，强调人对环境的认知与识别。环境的易识别性主要是指人对环境空间模

式和结构的理解方式和识别能力及其对所处环境形成认知地图或心理表征的容易程度。它包括三方面的内容：主要交通路线方向明确，主要人流清楚并与人的主要活动模式相一致；环境的活动中心易于为陌生人所识别；使人们易于意识到自身所处的实际位置。环境的易识别性要求客站内部流线的组织要简捷高效，主要空间的结构明确，有较强的特征；空间之间要有很强的连续性，空间之间尽量通透，尽可能减少视线障碍；注意重要空间在竖直方向和水平方向上可视、可达，便于乘客在复杂空间中明确自己的方位和前进的方向。加强导向性的具体方法除了设置完善的标识引导系统还可采用建筑设计手法来实现，比如运用明确的空间结构和光线的引导作用加强流线的导向性。

## 三、铁路客站流线设计的关键要素

### （一）与城市交通系统的接口

我国铁路客站与城市交通系统的衔接方式主要有长途客车、公交车、出租车、旅游车、社会车辆，一些大型客站还衔接了城市轨道交通，如北京南站、上海南站、广州站、南京站等。铁路客站与城市接口按交通方式分有：与车行系统接口、与人行系统接口；按接口方式来分可分为：与平面交通系统接口和与立体交通系统接口。

#### 1．与城市交通系统的平面衔接

平面衔接是客站与城市交通系统较简单的一种接口方式，主要用在铁路客站规模不大、城市交通系统不复杂的情况下。城市车行系统的接入与客站入口在同一个平面上，尽量靠近客站出入口。大规模的铁路客站与城市步行系统的衔接要考虑建立完整的步行系统。城市公共步行系统包括地面人行道、商业街、过街天桥、地下通道、城市广场等，它们相互连接共同构成舒适宜人的步行空间，增强了城市有机性和活力。大型铁路客站为了将人流最大限度地引入建筑内部，客站入口的设置会尽量靠近城市广场空间并垂直人流方向，直接将人流引入建筑内部，或在入口前设置可以使人逗流的凹入空间，还可以在入口附近设置与室外相互贯通的室内商业街吸引人流。

#### 2．与城市交通系统的立体衔接

位于大城市的大型或特大型客站，由于存在不同交通模式和不同交通线路的转换，有复杂的综合换乘特性，为满足铁路客站日趋复杂的功能需要、缓解交通拥堵、节约客站建设用地、缩短旅客流线，与城市交通的衔接应采用多层次、立体化衔接。立体衔接模式能有效缓解城市“通过性”车流和进出站车流的冲突与干扰。

客站与城市步行系统的立体接口包括与城市高架步行天桥的接口、建筑间连廊的空中接口、与城市地下步行系统的地下接口，而且客站的室内广场、屋顶花园等也成为城市步行系统的有机组成部分。这些立体衔接的方式让客站的出入口由传统的单层单向变为多层多向。

日本九州铁路转运中心是一个高效的城市内外交通的换乘中心。选择快线、慢线、市际和市内交通等不同交通工具的乘客，都可在转运站内完成转换。位于四层平面之上的公共通道贯穿南北，城市地面机动交通的人流在站前地面层通过自动扶梯直达二层入口的平台广场，进入南北公共通道。市际火车站站台位于公共通道之下，公共通道的尽端通向高架新干线站台，市内高架轻轨线直达中心的南北公共通道的四层平台。转运中心为洲际高速铁路、市际铁路、城市高架轻轨及地面机动车流之间建立起一个简明高效的立体网络。该转运中心的另一个特色表现在其功能组织的整体性上，站前二层入口步行平台向城市延伸与车站配套公建相连接，从而形成完整的步行系统。

北京南站与城市道路的衔接也采用了立体布局，分别利用高架道路和地下通道解决出租车、小汽车的进出和接送旅客的问题，同时四个方向的进出有效分解了周边路网车流过大的压力，能够自动调节各进出口的车流量。

### （二）广场交通系统的有效组织

在广场流线组织中要遵循公交优先的原则，优先考虑公交车流线和上下车位置，公交车与小汽车的进站通路有效分开，公交车宜在广场的地面集中设置并尽量靠近进出站厅。在立体交通组织中，出租车可以利用高架匝道或地下坡道最大可能地靠近进出站口，社会车辆可以跟出租车合用进出站通道，但上下客区应该适当分开，明确划分各类车辆上下旅客的位置区域和停放区域，尽量人车分流。

广场上各类流线分流的主要方法有：左右分流、前后分流、平面综合分流和立体分流。

#### 1．左右分流

左右分流是最常见的分流形式，如图4-25 a)所示。其适用于横向广场，便于广场内部机动车掉头，广场土地等设施能充分利用，且将来改建的余地较大。其缺点是所有的机动车都通过站前广场，当公交车站设于广场外时，人、车冲突严重。

#### 2．前后分流

前后分流适用于广场纵向较长，广场内交通量较小的车站，如图4-25 b)所示。此布局模式易于体现不同类型车辆的优先性，方便公交车进出广场内部，广场面积也可有效利用。但是行人和非机动车较难穿越广场。

3．平面综合分流

平面综合分流既有左右分流也有上下分流，适用于广场面积较大的中、大型车站，如图4-25 c)所示。广场形式的相对方正，行人在广场内不需绕行，人、车行驶可以安全分离，车种也可明确区分，机动车在站前无冲突。

4．立体分流

立体分流是指站前广场交通组织立体化，进、出站的流线分层设置，且有多向进口和多向出口，利用高架匝道或地下坡道将一部分车流引到客站的进出站口，避免了出与入的干扰。为了节约土地，更好地将不同性质的车流停放区分开，可采用下沉广场或高架步道。

新南京站位于金陵古城城北，前临玄武，环境优美。新南京站广场（图4-26）设置了两条双车道高架桥，在东西方向与城市道路相衔接，并在广场二层形成一个环路，使车辆从各个方向进出广场都非常方便。城市道路的“通过性”交通则在广场下面以地道的方式通过，与进出广场车辆完全没有冲突和干扰。在地面层所有车辆都不穿越广场，保证了步行系统的完成性，为环境设计和玄武湖景观资源的引入创造了条件。

图4-26　南京站广场全景图

## （三）内部交通与流线组织

铁路客站内部交通流线的组织包括正常状态下人流、货流流线的组织和在火灾、地震等紧急状况下的疏散，它决定建

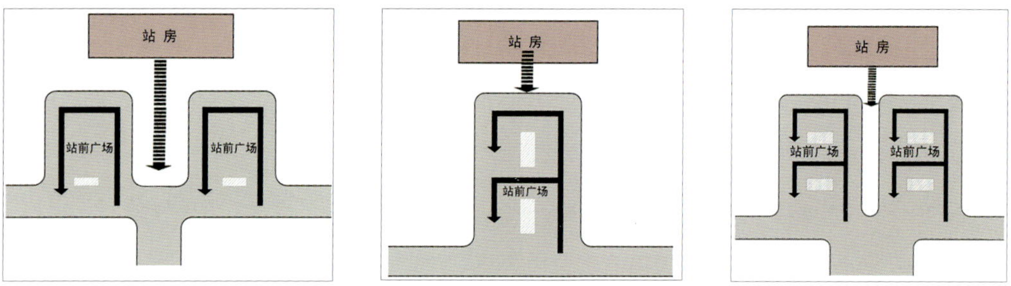


a) 左右分流　　b) 前后分流　　c) 前后分流结合左右分流

图4-25　广场上各类流线分流示意图

筑的使用效率与安全，是客站功能设计中的关键问题之一。下面主要讨论正常状态下的交通流线组织的问题。

1．内部流线组织的方式

客站内部的流线组织首先要分开进出站的流线，尽量避免交叉、干扰和迂回。有换乘功能的客站应考虑内部“零换乘”，使流线简捷、明晰。内部流线的组织方式可以在平面与剖面两个向度来组织，往往两种方式同时使用，以最大可能地合理组织各种流线。

平面上的流线组织方式主要适用于规模不大，没有综合换乘需求的客站。通常是指进、出站都在同层平面，采用并列式左右分流、垂直式前后分流。并列式左右分流主要指入口设在中部，出口在左部或右部，进、出站流线并列平行的方式。垂直式前后分流指对于线端式站房或有多方向进出站的站房，进出站流线分设在不同方向的方式。

剖面上的流线组织方式可以分为上进下出、下进上出、下进下出等。

2．内部流线组织需要把握的重点

（1）建筑的出入口：出入口是建筑内外的过渡空间，客站出入口包括车流、货流、人流的出入口。出入口的平面位置主要依据地形、站房形式和站房与城市交通的衔接关系等因素可布置于建筑的正面、侧面、后面等处。出入口流线组织有两个要点：一是“人流”和“车流”分开。客站出入口前地面上要布置一定数量供临时短暂停留者使用的室外停车位，以提高使用的便捷程度;设计规划好停车场地下入口，既要方便快捷，又要避免与人流的交叉干扰。二是多层、多出入口分流。将不同目的、性质的人流、车流、货流的出入口分层、分不同位置合理安排。

（2）内部换乘节点：枢纽型铁路客站由于有多种不同的交通方式之间的换乘，其内部换乘空间的流线组织是设计中要重点考虑的问题。要把提高效率和方便换乘作为设计的最主要目的，达到“零换乘”。“零换乘”是将各种交通方式由相互独立、无序竞争转变为相互衔接、形成网络、共同发展的需要。从根本上说，就是方便旅客的需要。“零换乘”能提高交通效率，使各功能联系更加密切，交通流线更加连续、简洁；“零换乘”能显著改善以往铁路客站人车交流、环境复杂、面积紧张的现象，为旅客带来舒适性、整洁性的新感受；“零换乘”能多层次、重复利用土地，提高土地利用效率，节约土地投资，体现了可持续发展的思想。同时信息传媒系统、管理系统、服务系统、停车系统的共用，提高了这些设施的社会效益，节约了大量人力、物力。

内部换乘节点的流线设计中应详细分析客流分布特征、流动规律、换乘特点，将各种交通模式分层分流：进站人流与出站人流分离，集中人流带与集中车流带分离；充分重视各种交通工具的运输特性，把铁路、公共交通、地铁、私人汽车、出租车、行人分别布置在同一空间的不同层面上，各种交通方式之间实现联运，协调管理；考虑残疾人、老人、小孩等出行弱者的出行方便，减少其换乘过程中的障碍等等；通过各种方式的协作保证旅客在铁路客站的快速集中和疏散。

上海南站主站房分为三层：中层与地面同高,为站台层，另有通道与南北广场相连；上层为出发层,设有高架环形出发平台、大空间候车区、检票通道等;下层为到达层,设有出站地道、南北地下换乘大厅。地铁一号线、三号线、轻轨L1线、部分长途客运和旅游专线等,在站内实现零换乘。

新武汉站（图4-27）突破了以往先候车再进站的等候模式，变为先进站再候车，随到随走的通过式。结合我国具体国情，新武汉站采用了等候式和通过式相结合的流线模式，运用“视觉引导”设计，旅客可在中央大厅选择性进入候车室候车，或直接由绿色通道进站。此外，客站的候车方式为“高架候车，上进下出”。出站旅客通过各种垂直交通工具，乘坐电梯或者步行下楼梯，到达各公交站台、停车场，完全实现人车分流。

目前通过站内换乘大厅的综合换乘，虽然解决了不同方向旅客行走的冲突问题，比传统客站站外换乘前进了一大步，但旅客在站内的步行距离有所增加，因为长途出行的旅客一般携带沉重的行李包裹，通过上、下楼梯的换乘会产生很多不便。更好衔接方式是多种运输方式在立体交通枢纽站台的直接换乘。虽然目前由于我国客站功能定位、营运管理模式等方面的原因，还很难实现这一点，但随着客站功能向“全通过式”转化，可以预见，站台空间将取代现在的静态候车空间，成为最重要的功能空间和换乘空间。

图4-29　新武汉站剖视图

# 第五章

# 当代铁路客站的空间形态设计与文化性表现

建筑最引人关注的地方就是对其空间形态的感知。毋庸置疑，对铁路客站空间形态设计理论的研究与探索，也是当代中国铁路客站设计理论体系中十分重要的组成部分。从前面各章的分析可知，当代铁路客站设计，无论从横向关联参照角度，还是纵向自身变化突进角度，均可称得上是最复杂的公共建筑类型。本章从上述复杂的创作语境出发，分析影响当代铁路客站空间形态设计的关联要素，探讨其空间形态的创新背景和面临的挑战；系统探究当代铁路客站空间形态主导要素的发展变化，对站房、站前广场、站场三个部分空间形态的发展变化进行了详尽解析；对诸如结构、材料、审美、内部空间、环境以及景观等引发铁路客站空间形态变化的一些关键要素进行专项分析。在此基础上，结合我国丰富多样的文化特性、千差万别的地理气候特点，以及公众对地域文化性形象的审美期待，就铁路客站空间形态设计在地域性和文化性表达方面进行了较深入的思考与研究，针对铁路客站设计中地域文化性的价值、原则、时代性表达，以及与交通建筑特征的有机整合等方面展开了系统性探讨。



# 第一节　当代铁路客站的空间形态设计

## 一、铁路客站空间形态设计的创新背景与所面临的挑战

### （一）经济发展与技术创新提供了极富推动力的创新背景

1. 经济社会持续快速的发展带来铁路客站功能的复杂化变化

在经济社会发展而引起的最大的季节性人口迁徙的背景下，我国铁路客站作为功能最复杂、接待容纳力最大的公共性建筑，面临着中国特有的复杂性要求，其中包括：不同阶层旅客需求的巨大差异，对季节性出行高峰客流的适应性问题，福利性票价等政策要求，日益复杂的社会治安状况，城市交通模式的衔接与换乘要求，政府和民众所关注的城市形象要求，铁路客站自身的技术创新要求等等。由此可见，铁路客站是当前中国城市发展的复杂化缩影，随着铁路客站本身日益复杂的变化，其空间形态设计必然要面临这一系列

复杂命题的考验。

### 2. 技术与经济实力不断增强，为建设一大批铁路客站精品提供了有力支撑

每个时代的生活模式对建筑空间模式和空间类型的要求各不相同，一个时代的类型需求激发一个时代的结构创造，一个时代的结构技术促进一个时代的建筑类型发展。在当今铁路客站建设中，我国在轨道技术、土木工程工艺方面的自主创新成就极其突出，不少成果已经达到世界顶尖水平，很多以前难以想象的结构形式、高精尖的线路工程技术工艺都已被掌握和实施。作为建筑学最重要的内核，作为最具表现效果的工程技术要素，结构体系及其组织方式的进步，已成为空间造型的创新依据和变化逻辑的缘起。在当代，更多新型结构的实践，高精尖施工工程工艺的掌握，以及对更多创新结构形式表现的优秀作品的学习，对于拥有大空间大跨度需求的铁路客站空间形态设计来说，可以形成强有力的技术支撑，提供由技术创新引发的新的创作灵感。

正是有了我国迅猛增长的经济实力和日益开放的建筑市场，使众多建筑师参与到国内的建筑创作中，许多享誉全球的建筑名作纷纷落成，经济发展与技术创新对建筑设计创造性给予了强有力的支撑，设计具有创新性的公共建筑精品已经形成最普遍的共识，一大批铁路客站建筑精品在这一背景下应运而生。

### 3. 全球化和富于时代感的创作视野为铁路客站建筑形态创新提供了无限可能

多年来的对外开放，使得大量由国外建筑师创作的作品在国内参与竞标并得到实施，奥运主会场“鸟巢”将紊乱结构视觉与时尚文化性的统一，国家游泳馆“水立方”对新型结构和表层材料作出的整体塑造，T3航站楼对大空间形态与复杂功能的完美设计，金茂大厦将“密檐塔”的中国建筑形式与超高层复杂的建筑设计完美整合……这些建筑名作带来了无数新颖独特的设计理念和形态视觉效果，虽不乏争议，但确实在我国建筑界和公众中引发了大量的“头脑风暴”，为许多自主创新带来了巨大的外部冲击和触动。

此外，信息数字化的全球时代背景不仅带来了新的软件技术平台、信息交流传递模式的巨大变化，还带来了无数处于世界前沿的审美意识的冲击，互联网、大量数字化工业设计产品（如 IPHONE、IPOD）使用，在带来精确性、动态化、模糊化等复合性审美潮流的同时，也影响到建筑设计领域的作品，一些具有时代气息的前卫作品甚至在国内已经中标实施。关注这样的前沿背景，对于铁路客站空间形态的创新具有很高的时代价值。

4．对建筑所承载的文化与特色有了更深层认识

高速发展的中国城市建设既有世人瞩目的巨大成就，但是也带来不少难以挽回的问题，缺乏自己的地域文化特色，千城一面，已经成为当代中国城市建设发展有目共睹的尴尬。铁路客站作为城市的窗口、门户，城市区域、城市副中心的核心所在，在对其进行形态设计中，应注重深入挖掘和表现地域性文化的意义与价值，用现代造型手法和技术来体现地域文化特色，同时整合交通建筑的本体需求来展开空间形态创新，从而成为具有独创性的城市文化地标，这是当前铁路客站的形态创作中必须着重关注的设计原则。

**（二）铁路客站空间形态设计本身所面临的挑战**

1．铁路客站的功能和形式的问题

功能和形式关系问题对建筑师来说一直以来都是一个创作中的本体问题。对于两者的关系，不同的创作取向会产生不同的回答，比如，“形式追随功能”、“形式唤起功能”、“形式产生功能”等等。不论怎样，这些立足于创作的艺术审美、工作习惯等个性化取向，都是从不同的角度在形式和功能之间获取一个创作平衡点，并非一种终极答案。

从当代中国铁路客站的功能和形式关系来看，经济条件、技术工艺等各种因素的变化促使铁路客站所承载的功能内涵达到前所未有的复杂程度，功能以及流线组织发生了重大变化。然而，功能要求的提高对空间形态的要求绝非导向极端的功能主义。从铁道部提出的“五性”原则可以看出，其中的文化性要求，就是一个摒弃极端功能化，探寻自身形式特点，对铁路客站所处地域展开形式内涵深度挖掘的具体要求。因此，当代中国铁路客站空间形态创作的历程，是一个功能和形式的交织融合过程，即将抽象系统与表意系统进行逻辑关联整合。目前大量的中标方案、建设实例以及层出不穷的空间形态手法，为塑造与现代功能相适应的特色建筑形态带来很多有益的启发，需要进一步展开系统的梳理和分析。

2．空间形态与结构技术的问题

建筑设计中的形态和受力自古以来都是相辅相成、互动衍生的，结构形式是建筑结构内在受力方式的外在表达，建筑结构是建筑本体的逻辑之核，对成熟结构体系的变化和创新，对新型结构体系的大胆运用，都可以形成由结构所引发的新造型，创新的结构表现和受力平衡形式就如同杂技艺术，可以带来具有震撼力的建筑形象，结构也由建筑功能的需求上升为美学的表达媒介，形式的美感完全可以将对

力学效率的满足与形式节奏的把握整合在一起。著名建筑大师和结构大师卡拉特拉瓦的无数作品，正是结构工程与空间形态塑造形成完美结合的最为有力的当代例证。

从我国建筑业的发展来看，轻型钢结构在铁路客站的建设中已是成熟技术，而一些针对新型建筑形态所对应的结构形式，一些从未见过的建构形式和结构构筑材料正在不断涌现出来，为空间形态的创新提供了极大的发展余地。但是，在国内建筑行业中，结构与空间形态的整合依然存在不少问题：在结构的计算和实施中，设计对各种结构形式的潜力挖掘还是趋于保守，与国外相比，相似的空间参数，却出现笨重沉闷的尺度。这一方面是建筑师长久以来缺乏与工程师协调合作的工作模式与习惯所致，另一方面还缺乏强有力的结构性思维，缺乏创新冲动，从而导致与结构工程师缺乏有效的整体配合，或是满足于运用相对保守和传统的结构形式，对结构的形态美的研究不够深入，只是被动地对结构形式进行复制抄袭。

3．空间形态与文化审美的问题

多元化是这个时代的特征，秉持单一标准的审美观显然不能适应时代。对于创作来说，更多的审美风格取向的共存会极大拓展设计的思考维度，但落实到运用审美要素运用的时候，如何获得有效的审美要素，如何在中国不同的城市地域文化与地理气候特征中获得具有文化意义的审美要素、如何将审美要素有机地与建筑空间进行融合，对于展开具有创新性的设计创作来说都是非常重要的问题。正如著名建筑师格罗皮乌斯所说，建筑是结构、秩序、表现的结合。建筑性、空间性、表现性是对结构、功能和谐解决的逻辑结果，文化审美的表现性是融入到建筑整体的表现逻辑之中的。将文化审美转化为与建筑创作逻辑相一致的整合统一体，才是解决空间形态与文化审美的问题之道，要摒弃平庸低级、毫无创意可言的符号片段拼贴与模仿。

## 二、当代铁路客站空间形态设计的发展特征及关键要素

### （一）铁路客站空间形态系统要素的变化

1．站房组合模式及其变化

从内部流线的平面流线组织方式来看，向“通过式”转化需要将旅客的行走从“焦虑型”导向“从容型”。入口、出口处的集散厅，是影响旅客心理变化的起始空间和舒缓空间，扩大集散厅的空间尺度，一方面能更好地应对中国特有的季节突发性人流，另一方面可以为未来预留更多旅客服务场地，甚至在“通过式”更为

成熟的阶段，将候车区模糊化，只需临时划分一定区域作为候车区即可，形成集散—候车的整体性空间。北京南站的出入口处贯穿两层的集散厅，形成两层视觉互通的高大共享空间，为旅客在进入客站形成一个宽敞通透，能直观辨清方位的环境，对季节突发性人流有足够的适应性，二层的候车厅部分通透的侧廊和中央厅顶带状的采光，提供了一个豁然开朗的整体性大空间候车厅（图5-1，图5-2）。上海南站则是形成一个完全无柱的圆形空间，只采用低矮的围合与设备，最大可能消除水平视线上的阻挡，形成几乎所有方向的视野通达（图5-3）。新武汉站则通过180多米的超大跨度，将集散—候车—站台的功能整合在一起，把流线的通过性从空间形态的角度发挥到极致。

从外部空间来看，"通过式"的逐渐强化，给站房接触交通的界面带来了量的变化：传统站房一般采用单一的界面（如建筑的正面或者背面）来迎接客流；而在当前建成的一些新型客站，站房的各个边界均可接纳车流和人流，使其周边成为可穿行的廊道交通带。这样的变化拓展了站

图5-1　北京南站南进站广厅

图5-2　北京南站中央广厅

图5-3 上海南站中央大厅

房界面数量，形成了更多的变化依据。而且，廊道交通带的遮阳和遮雨要求，也使站房建筑可以采用半开放的挑檐空间，北京南站形成了两层环绕和穿越空间界面的廊道交通带，与其站篷一体化的造型形成了呼应（图5-4）。而环绕站房外部的廊道交通带通常会对形态形成较强的水平分割，如果要获得较为整体的效果，处理好出挑屋面与高架桥的空间组合与尺度关系较为关键，可以带来不同的新颖效果。比如，西安北站采取的超长出挑屋面，形成与廊道交通带区域强有力的凹凸层次对比（图5-5）；新深圳站采用的封闭围合廊道交通带的手法，形成一个颇有新意的隧道穿越效果的形态变化（图5-6）。

图5-4　北京南站高架层落客平台

从竖向剖面角度来看，由于很多经济发达城市铁路客站所处地段的地价很高，对站房以及其他部分进行“汉堡包式”的叠合，可以在不增加用地的情况下将各种交通模式整合在一起。这种集约化站房空间形态的出现，往往导致空间形态处理要素量的增加以及需求的复杂化，引发了以下空间形态格局的变化。

一种空间格局变化主要是由外部交通要素融入站房所引起的，这与前段平面角度的分析一样，会给站房外围界面产生较大影响。需要补充的是，这种叠合要素也许不止一个，将站房、站场，甚至广场整合在一起，将铁路、城市轻轨、地铁、

图5-5　西安北站正立面图

图5-6 新深圳站透视图

社会车辆所带来的复杂人流统筹在一个全新巨型复合体并非不可能。国外这方面例证较多，如日本九州转运站正是这样的复合体。另外，从站房内部展开竖向上的变化，可以带来较新的突破。比如，将原先水平分隔的楼板在不同方位进行"减法"处理，从而形成各种竖向贯通、视觉通达的共享空间，利用空间在垂直方向上的渗透和变化，对旅客的流线定位和空间感知形成空间形态上的引导。北京南站是在集散厅的出入口两端作出切挖，新武汉站更是在中央部分做多层切割，形成一个集散—候车—站台一体化的复合型单一大空间，是目前在竖向角度整合各种复杂要素最为大胆和新颖的案例，如图5-7所示。

另一种空间格局则是以城市的整体范畴作为出发点，对铁路客站空间形态做出了挑战性的变化，将铁路客站系统要素中的站房和站场设置于地下，站前广场在这种空间处理下要么不复存在，要么已成为与地下站房、站场没有直接关联的地面景观广场。这类设计案例较少，在我国目前只有深圳福田站（图5-8）、京津城际延

图5-7 新武汉站中央大厅

图5-8 全地下的深圳福田站

长线于家堡站采用了地下式站房。这种设计需要有高度发达的城市经济和高度流动的城市人流作为支撑，而这种空间格局所带来的开拓性意义十分重大：一方面，所有以往对铁路客站所赋予“城市之门”等纪念性意义和大量美学与价值期待的空间形态观念，在这种竖向布局模式下被完全颠覆；另一方面，站房服务边界的选择被大大扩展，原则上可以为旅客提供直达城市任何地段的铁路服务。毫无疑问，这种概念上的突破直接为铁路客站的空间形态提供了突破性的创新，当然也带来了一系列技术上的挑战。

2. 站房与站台雨篷组合关系的变化

对于当代大型铁路客站，特别是枢纽型客站来说，站房与站台雨篷一体化（简称“站篷一体化”）趋势是站房与站台雨篷在空间组合关系上最重要的变化，即将站房和站台雨篷从整体空间形态、空间结构，甚至功能组织进行整体设计。

传统的设计方式是站房与站台雨篷分离，各自行使自身的功能，其功能、空间的组织序列和结构体系都是相对独立的，只是设置一些地上或地下廊道来进行形态连接。“站篷一体化”空间形态的出现则改变了以往站房与站台雨篷的空间分割模式，较好地从空间形态组合的角度与未来复合性发展趋势作出呼应，走向真正的现代化复合型交通枢纽空间。从形式造型手法来看，“站篷一体化”为整体造型提供了更大的利用边界，也带来更大的创作余地。北京南站就是已建成的“站篷一体化”优秀案例，而正在建设的新武汉站（图5-9）、新深圳站（图5-10）等，更是引发了人们对一体化空间形态“宏大叙事”的期待。

对中小型客站来说，由于需要整合的各种复杂因素相对较少，传统站房与站台雨篷形态分离的形式仍在普遍沿用，但也出现了站篷与站房局部结构、造型上的整体化趋势，如苏州站（图5-11）。例如在某些情况下，由于站场地势高于站房入口

图5-9 新武汉站鸟瞰图

图5-10 新深圳站鸟瞰图

图5-11　苏州站剖透图

部分地坪，或者站场设计为高架形式，站房与站台雨篷的高度接近，可以将这样屋面与站台雨篷做整体化处理，成为一种打破常规的创新方式。此外，由于我国铁路网建设在今后一个时期都将呈现快速发展变化的趋势，强化通过式的要求必然会在不少中小型城际站、中间站的建设中得到体现。需要关注在站台候车功能扩大的情况下，所带来的站房与站台雨篷组织关系的相应变化。

3．站前广场组合模式及其变化

由于需求差异以及组织客流的复杂性，不同规模的城市对客站站前广场的设计要求有很大的不同，与站房空间形态关系也有着较多差异。

就特大型与大型客站来说，站前广场区域是旅客抵达与分散的空间区域，与站房呈较为“扁平”的联结模式。新出现的城市立体交通模式使这种“扁平”转化为立体叠合式空间组织方式，由站房的大挑檐、大型支撑柱等造型形成带有半围合的站前广场空间，比如新深圳站（图5-12）前部的曲线造型形成一个动感十足的“屋顶”广场，杭州东站（图5-13）倾斜的塑性支撑柱带来的颇具震撼力的空间限定等。在某些地价极高的枢纽城市的铁路客

图5-12　新深圳站透视图

图5-13　杭州东透视图

站，站前广场反而向小尺度方向缩减，如上海虹桥枢纽站，其广场部分被尽量压缩。而前面提到的深圳福田站，站房、站场均置于地下，站前广场已经完全失去了本身的立足点，成为在尺度上可以任意伸缩的景观式广场，甚至可以完全消失，被其他建筑占据。因此，在空间视觉组织关系上，大型铁路客站平面式广场与站房的空间关系已发生了巨大的改变，需要站在广场－城市交通体系－站房的立体式视觉关系上进行整合与组织，不仅要从行人的视点进行空间造型推敲，还要从城市综合交通体系、城市区域经济发展的全新视点来展开空间塑造。

中小型客站站前广场组织的基本特征依然会沿用传统方式，即站前广场与站房明确分离的空间组合模式。有些中小型客站由于其在所属城市中地位的重要性，地方政府甚至会提供尺度巨大的广场用地，在解决基本交通功能后，这些城市铁路客站的站前广场将更多扮演反映城市文化、提供休憩聚集的景观广场的角色。

由于中小型客站的站前广场与站房分离，站前人车交通组织较为简单，兼顾站前广场的地域性场所功能和城市性功能，是其空间模式设计的关键点。一般来说，站房与广场交界处界面的空间形态是处理两者关系的焦点，该界面的造型处理、建筑轮廓线关联、外观与被观的视线关系、地域文化气质的表现、空间体量对比、空间形态色彩和细部处理等方面都应是设计的着力点。从整体空间形态的主次处理来说，该界面是最主要的广场围合边界和视觉焦点，场所表现主题和视觉印象主要由该界面体现。广场本身的景观、地形与视觉体验，应从两者的主次关系层面进行综合考虑，展开整体性设计。

当然，由于地区发展的不平衡，在某些经济发达地区的中小型客站的设计和建设中，广场与站房的界面形态也开始出现较大变化：有的中小城市的高架桥已穿插到站房与广场交界处，甚至城市轻轨也切入到站场区域，形成较为复杂的站前交通体系和人流出入路径，与之相对应的，较为复杂的界面构图成为新的空间形态设计关联要素。

4．站场组合模式及其变化

站场部分最主要空间形态要素就是站台、站台雨篷及支撑柱，它们的相互组合关系基本上有以下几种：站台雨篷及支撑柱与轨道线路的空间形态关系、站房与站台雨篷的组织关系、站台本身的空间形态变化。与传统模式相比，中国铁路技术的大发展使上面三种组合关系出现了重大变化，形成了无站台柱雨篷体系、站台空间设计变化、站蓬一体化的发展趋势。由于站蓬一体化前面已经涉及，在此只研究前两种组合关系和趋势。

（1）无站台柱雨篷体系：以往的站台雨篷柱需设置在每个站台区的中心线上，形成站台的视线阻挡和空间分隔，也对旅客的快速流动造成阻隔。将站台雨篷柱从站台区移开，可以提供最为开敞通达的流动场地。而对从站台区移开的雨篷柱位置的排列选择，可以形成不同的站台空间视觉变化：一种是将雨篷柱置于轨线之间，保证站台空间无柱。这种相对经济的方式可以根据站台雨篷的造型需要，形成两种效果不同的组合方式，即采用单个股道间设柱，或多个轨道间设柱的连续跨雨篷空间，如南京站（图5-14），或是在某个股道设柱，在股道轨线区以外形成悬挑的雨篷空间，如南通站（图5-15）。

另一种，则在股道间完全看不到雨篷柱，柱子只在股道横向的两端形成支撑，使雨篷跨越多个股道进行覆盖，甚至将雨篷柱变为拱穹雨篷的结构体，形成股道空

图5-14　南京站无站台柱雨篷

图5-15　南通站基本站台雨篷

图5-16　泰州站无站台柱雨篷

间最大限度的开放，如图5-16所示。

上述两种形态类型只是从股道轨线区雨篷柱的位置关系出发所产生的排列组合变化，对于雨篷柱、雨篷本身，都有很多的创新点可以发掘。比如北京南站的A形雨篷柱及其变曲面雨篷顶（图5-17），延安站所采用的张弦梁结构的雨篷屋面支撑

图5-17　北京南站的A形塔架和悬垂梁结构雨篷

结构（图5-18），新武汉站（图5-19）的树状雨篷柱，都为无站台柱雨篷体系带来了耳目一新的视觉效果。

图5-18　延安站无站台柱雨篷

图5-19　新武汉站雨篷

（2）站台空间的设计定位变化。关于站台空间设计定位更多地需要从创作理念的角度来展开。常规对待站台空间的设计一般只是局限在解决功能问题上，显得较为狭隘，在当代铁路客站设计中，需要从以下两方面来促进在大空间形态的创新变化，以及对未来发展趋势的适应。

首先，需要关注站台空间本身对抵站、离站旅客的重要性——前者对铁路客站的体验完全可能只在站台产生，而与站房空间无缘；后者是离开城市的最后记忆。因此，只将创作着力点放在站房上显然是一种很大的缺失。事实上，站台空间长久以来不断成为艺术作品中欢聚、别离等人类情感的触发地，虽然这些人文寄寓的题材能否成为创作灵感因人而异，但有关新颖动人、铭刻于心的站台空间塑造，也不乏经典实例——建筑大师卡拉特拉瓦的里斯本车站的站台空间，无疑就是一个会给旅客带来不可磨灭记忆的场所（图5-20）。

其次，需要从整个铁路客站发展趋

图5-20　葡萄牙里斯本车站雨篷

势来思考站台空间的设计变化。站台公交化是“通过式”候车模式的最终体现，旅客只需按时进入站台，即可像公交车、地铁一样在可计量的短时间内登车。随着铁路运力的大幅度提高，随之而来的设计“预留量”十分重要。较为宽大合理的站台尺寸不仅可以为不断增加的旅客流量提供弹性空间，而且能够兼顾可能增加的自动扶梯、电梯、小型商业信息设施等各种设施。

### （二）结构构造发展与空间形态设计

建筑的空间形态是一个集合概念，不仅是指其空间轮廓和形状，以及尺度、色彩、方位、视觉惯性等一系列视觉基本要素，还包括许多相关要素。其中，结构的布局与创造十分重要，是完成形态建造的逻辑内核，而对于铁路客站这种拥有大空间、大跨度的大型公共建筑来说，结构更是影响着空间形态的方方面面。

我国当代铁路客站快速发展的重大成果显示出，从对成熟结构工艺的创新潜力挖掘，到对创新结构的利用，不少新客站的建设实例和设计方案都作出了前所未有的大胆探索。在此基础上，我们针对当前空间形态与结构本体关系的发展变化进行深入研究，既可以为前面提及的各种挑战与问题提供解决之道，也能为铁路客站进一步的开拓作出延伸性的思考。纵观当前结构工程创新所带来的空间形态发展，主要有以下几个方面。

#### 1. 超大跨度结构——结构与新空间理念的相互促进

跨度是结构工程给空间形态带来变化的最重要的因素。在当代铁路客站建设中，北京南站、新广州站、新武汉站等大型枢纽型客站在空间跨度上均根据自身的空间形态创意作出了各具特色的超大结构，其中新武汉站最为大胆，以支撑“单一空间视觉引导候车”和新型绿色通道的客站空间理念创新，导引出钢管拱、网壳、桁架、树状单元结构等新型结构形式，以满足最大跨度116m、最小跨度80m、高度49m的中央主拱和次翼结构形成的“鸟翼”型屋顶形态。这些重要的结构组合构件本身既要解决对列车穿越影响、复杂风环境、整体结构性能等技术难题，也在其本身的形态尺度上作出了创新，如图5-21、图5-22所示。

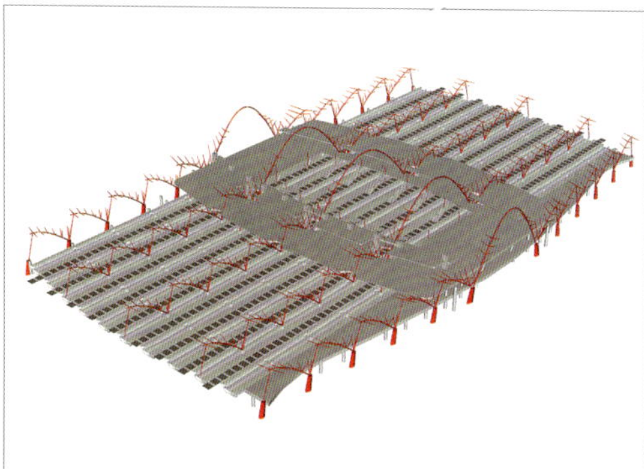

图5-21　新武汉站结构框架图

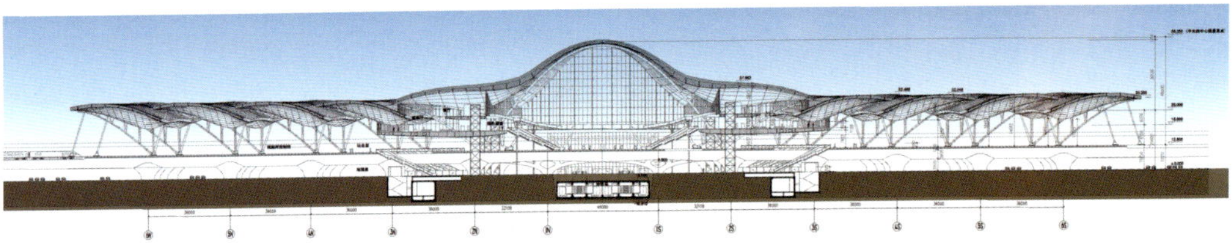

图5-22　新武汉站剖面图

2．桥－建合一的综合结构——不同结构的大胆整合

所谓桥－建合一，是为了适应站台轨道层跨越地下的地铁层，同时又需支承候车厅层及屋顶的功能需要，而将桥梁与房屋建筑结构组合一体的综合结构体系。在两种不同结构共存的建筑中，需解决不同速度列车的振动问题、桥梁纵向变位应力的释放问题、整体抗震、桥-建各自不同规范的适应问题等一系列全新技术难题，还要处理桥梁结构的空间视觉形态问题。桥－建合一的综合结构在北京南站、新武汉站、新广州站等枢纽客站中均得到使用。其中，新广州站的中央出站大厅部分的桥型结构的视觉效果最为明显，通过对跨度64m的“桥墩”的形态尺度组合，形成了具有强烈动感和视觉张力的内部空间，如图5-23所示。

图5-23　新广州站出站大厅透视图

3．多维变曲面——复杂形态的结构适配

在许多公共建筑中，采用桁架和网架结构来表现对称的单曲面形态已不是难题，但对于多曲面形态，仍以常规桁架和网架结构的可复制性均质单元表现多向变化的曲面会显得较为笨拙，需要采取专门的针对性设计。上海南站的环形多曲面屋顶，就是通过Y形分叉主梁、中央吊环、环向檩条、抗风钢索等特殊设计形成的（图5-24）。北京南站的屋顶采用了多维变截面的曲面形态，94根A形支撑塔架高度各不相同，并通过不同规格的悬垂下弯线性工字梁用耳板销轴铰接、抗风拉索等整合而成，具有更高的设计难度（图5-25）。

4．具有表现力的结构细部设计——亟需精心开拓的领域

结构细部设计主要是指结构构件及其连接处的形式与结合关系。一个好的结构细部设计，不仅表现出对整体结构语言的技术呼应和逻辑关联，还会展示出自身特

图5-24　上海南站环形多曲面屋顶

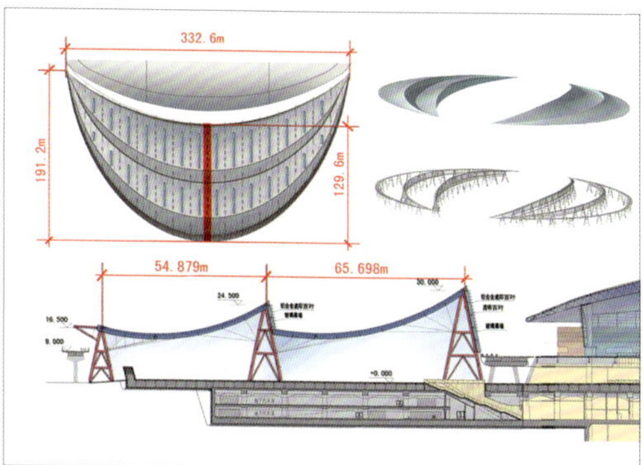


图5-25　北京南站雨篷计算模型

有的表现力。但从当前的情况来看，不少客站设计对此大而化之，相比之下，更关心大尺度的结构形态关系，将细部表达拱手让给标准化产品和与结构逻辑脱离的装修工程，无法达到一个从整体到细节的精品高度。北京南站则是这方面的优秀案例，既有整体的结构韵律，又有细节的设计感，针对现代工艺精确、完美和流畅的美学追求作出了整体性的表达（图5-26）上海南站也在这方面有良好的表现（图5-27）。

## （三）材料技术发展与空间形态设计

图5-26　北京南站A形塔架柱脚处理

图5-27　上海南站雨篷细部

著名建筑师R•Moneo曾说过，“作为直接左右微观建筑效果的自身变量，材料会给予建筑以永恒的生命”。材料具备视觉和触觉特征，不同的材料以及不同的材料建构技术，可以产生完全不同的空间形态效果。可以说，材料表现是艺术与技术的结合。

作为具有现代交通建筑特性的大型公共建筑，表现当代铁路客站空间形态效果的材料，一般需从下述几个方面予以研究：从宏观空间的整体尺度来看，对结构体系和功能组织产生影响的材料，可以影响建筑的整体表现特色、结构组织的形式感、比例尺度感、节奏品质（实心与空心）及视觉重量；从与人体接近的较小尺度来看，微观质感肌理尺度的室内外材料，以及装饰和完善细部的材料，都能在近距离形成对人更为细腻的触觉与视知觉的影响。此外，在现代材料制造技术高速发展和建筑施工工艺大幅提高的背景下，从材料自身属性到组织构造方式上，材料的表达完全可能以不同的复合方式形成完全不同的视觉效果，可以将透明、半透明、光滑、哑光、粗糙等质感以及色彩作出深层次的组合表现，为空间形态的创新提供更为广阔的素材。

以表现透明性的材料为例，除了玻璃，还有聚碳酸酯板、ETFE膜（乙烯－四氟乙烯共聚物）等复合型材料。这些材料本身可以经过各种高技术加工形成新颖的色彩、纹理、反射、不同的透明度以及光电自动变色等视觉变化，通过点式、框格等支撑构造形成的组合视觉效果，也可以为整体空间形态带来富有创新的变化。例如，上海南站的屋顶以支撑结构体系形成发散式的构图主框架，再用更为细密的格构排布和光线过滤网形成富有疏密变化透光韵律，将聚碳酸酯板透光区域的热工功能要求与构造的纹理编织整合为一体（图5-28）。武汉站的穹顶和侧翼通过

图5-28　上海南站玻璃屋盖

半透明的聚碳酸酯板与穿孔金属管吊顶的组合，形成丰富的纹理韵律，既抽象体现“黄鹤一去不复返”的鹤羽效果，又实现对阳光的过滤功能（图5-29）。深圳站则

图5-29　武汉站玻璃屋盖

是用起伏的金属平行线条，与不同区域的透明和漫射型Low-E玻璃（低辐射镀膜玻

璃）结合，形成整体动感和轻灵的效果，强有力地表达出其“海浪”和“飞翔”的造型隐喻（图5-30）。

图5-30　新深圳站玻璃屋盖

### （四）当代审美取向与空间形态设计

无疑，当代审美最显著的现象就是多元，不能想象只有一种风格、一种思潮、一种主义独自成为整个时代的主题曲。信息时代将所有既往和前沿的审美取向快速地展示、重构、分解，甚至抛弃，成为创作中借鉴或者反叛的对象。当代建筑风格也因此呈现新现代主义、技术风格主义、生态主义、解构主义、历史及地域主义、新塑形主义等多元化审美取向共存的创作景观。

对于当代中国铁路客站的空间形态设计来说，这些多元化的背景已经产生了不小的影响。也可以说，当代中国铁路客站空间形态的整体创作状态，是一种在当代社会现实审美和时代艺术审美的不断平衡之中获得的，具有自身的独特性。其中，在现代主义基础上进行提炼、改良的新现代主义的原则和手法在客站空间形态的创作思维中影响最大，这也是对其复杂的交通功能技术背景最具适应性的风格。在这样的创作取向上，将历史地域主义、技术风格主义，甚至新塑形主义的审美思考融入进来，成为不少具有创新表现力作品的创作思考脉络。

建筑艺术审美价值存在多元性，允许个性化的发挥，但是，也需要同一性的“共通感”来体现社会生活意义和价值观念。因此，在铁路客站空间形态设计中，我们不可避免地要受到当代审美需求的影响，从对两者平衡关系的把握中寻求创新。以下的分析和归纳也许可以为中国铁路客站空间形态的创作，寻找一个对当代审美现实思考与探索的出发点。

#### 1. 当代审美的总体趋向与铁路客站空间形态创作

铁路客站作为城市综合交通体系的重要节点、城市区域发展的核心，必然会成为城市发展和城市文化的映射和窗口，而充当城市地标、充分表现时代精神和地域文化特色则是铁路客站空间形态需要担当的重任。遵循多样统一性的形式美法则，仍是当代审美在铁路客站空间形态创作角度的真实趋向。比如，对称性作为一种古典审美构图原则，几乎出现在所有铁路客站空间形态的设计中。这种取向通过制约形成秩序，不仅能够达到高亢雄浑的交响曲般的审美感染力，而且完全可以融入一些更新颖的造型风格，达到审美表现上的综合平衡。如北京南站巧妙的双椭圆平面布局（图5-31）、上海南站圆环对称下的高技术风格（图5-32），杭州东站未来主义和新塑形主义的有效融合（图5-33）等。当然，在此并非否定一些大胆的设计，如强调非对称、冲突、错位等前卫风格，而是表明在铁路客站空间形态的认知上，当代审美在统一性和多样性的选择中，更处于进行总体平衡的现实趋向，均衡、比例、尺度、韵律感这些审美基本原则的影响还是普遍和稳定的。

图5-31　北京南站双椭圆平面布局

2. 铁路客站交通建筑特性与当代审美

建筑的性格特征很大程度是其功能的自然流露，因为功能是建筑最真实的要素

图5-32　圆环对称的上海南站站

图5-33　杭州东站

之一，形式则更容易成为外力强加的产物，如果形式表现出功能的特点，更容易使一种建筑类型区别于另外一种。这样的原理更适用于铁路客站。铁路客站现代功能要求直接引发了空间形态的对应，比如对“通过性”功能的强化，引发了在空间视觉开放性和导向性上的强调，不仅内部形态的通透大空间成为主要选择，而且室内外视觉通透也成为重要需求。当前，空间形态上的视觉开放，成为铁路客站、航站楼等大型交通建筑较为共通的现代表征。当铁路客站的地域文化性审美视觉需求会与开放通透的现代功能性发生矛盾时，一般通过从屋顶形态、支撑结构尺度与形态，以及墙－玻璃的面积比例配搭手法，可以将客站功能、技术和文化性的复杂要求整合在一起，以达到一种具有交通建筑特性的当代铁路客站的公共审美期待。

3．当代文化审美对象的选取与表现

在当今这个时代，审美对象的泛滥显得尤为突出。合理把握创作题材的选取与处理，选择适宜的审美对象，形成建筑空间形态与审美表征的有效逻辑关联，对铁路客站空间形态的地域性文化性的创作极为重要。不少文化审美题材，在其本身所属的人文领域的存在价值也许很高，但移植到建筑空间形态，特别是大型公共建筑形态上，就可能在普遍的公共期待视域中产生极大的错位。此外，如何对所选取的审美题材展开有效的表达，则是一个更为具体而复杂的话题。这些在本章关于文化性一节中作深入探讨。如果作大致的分析，我们可以从两类案例对比中获得适合中国特色客站创作的有关启示。

北京“福禄寿喜”天子大酒店虽非铁路客站建筑，但其极端性建筑形式应该会引发一些更清晰的思考。它的创作题材选取了一些民俗审美符号的形态，所用的手法是对建筑空间形态的直接移植。这种审美符号具象化的简易放大，审美形态与建筑技术、功能等内在逻辑完全脱离，造成了在题材审美认知上与公共审美的完全错位，以及建筑空间形式逻辑上的内外分裂。20世纪80年代建设的北京西客站，其建筑顶部的“亭子”也有着类似的问题，直接模仿古典建筑，表现的是古典木结构的结构与形式逻辑，与现代铁路客站综合体复杂的结构功能与形态逻辑也是完全分离的。

从当代一些铁路客站的案例来看，从审美题材与公共认知的关联，到与结构、造型对文化特征的高度抽象，则完全摆脱了上述审美尴尬，达到了将抽象手法与形态表达均衡的新高度。北京南站的屋顶面从环曲面的形态呼应、节奏关系，与有着广泛公共审美认知的天坛相关联；新西安站用尺度与重复性节奏的屋顶与整体性基座的对比来体现唐风都韵的恢宏；南京站则以桅杆的结构性排列形成的节奏韵律，来传递玄武湖边上的风帆－桅杆与现代交通之舟的比喻关联；拉萨站从藏式建筑的实－虚体块关系和色彩引申出自身的组合……同时，这些具有审美意向的形态变化并非视觉装饰，而是通过不同结构形式所展开的内外一致的表现。这种摒弃亦步亦趋的原型移植，抽取其重点的高度浓炼与抽象，弱化原型本身的生成逻辑，从高度抽象的层面上获得文化情感上的归属和认同，更有利于同铁路客站本身的结构功能逻辑相适应，获得形式逻辑与审美逻辑的平衡与协调。

### 4. 整体性审美：格式塔视觉心理学的有效延续

信息时代更加放大了人们的欲望，平衡、稳定不再是时尚审美的主流。打破正统美学四平八稳的心理定势，偏离常态，形成非平衡的刺激与震撼，是当今所有时尚视觉艺术的创作倾向。不过，从国内外大量的建筑案例来看，大型公共建筑空间，特别是铁路客站，空间形态的视觉表达几乎还是延续着整体统一的趋势，这也许与客站本身对交通顺畅的强烈单一性识别需求有关。即使有些手法新颖大胆的优秀案例，如卡拉特拉瓦不少极具动感的交通建筑作品，都只是将新颖突变的手法形成单元要素，用对称、节奏排列等经典构图手法进行统一整合。

因此，对于铁路客站的空间形态的整体统一性把握，格式塔心理学的相关定律还是继续发挥着非常重要的视觉评价影响。格式塔心理学中一个相当重要的理论认为，在一个单一视场或参照系内，视觉整体判断只接受少量非关联的对象刺激，如果非关联对象数量太多，视觉会尽量将其简化整合，成为视知觉上易于接纳的整体；如果难以整合，整体判断会倾向混乱与无序，无法作出清晰的识别。针对铁路客站所承担的功能、结构、文化形态等复杂要求，格式塔心理学的简单化视觉心理倾向、图－底关系、连续性、邻近与类似、经验性影响以及对比关注等原理，既是对北京南站、上海南站、拉萨站、新武汉站、杭州东站（图5-34）等众多优秀实

图5-34　杭州东站鸟瞰图

例和方案对空间形态的成功塑造的印证，也成为对铁路客站的整体性审美把握的重要视觉理论参照。

### （五）内部空间形态与环境

当代铁路客站的内部空间形态设计最核心的原则就是“以人为本”，所有的内部空间形态都应以该原则为设计主导。在此前提下，还要结合建筑本身的结构形态来展开形式表现，尽量以形式与功能的直接逻辑关系作为内部空间形态设计的出发点。由此，当代铁路客站内部空间形态设计探索，需要从以下几个关键点来展开研究。

#### 1. 以空间形态塑造为主导来形成直观的方位感和易识别性

从行为心理学角度来看，低矮压抑的空间比宽大明亮的空间更易产生焦虑感。为减缓铁路运输拥挤现实所带给旅客的焦虑紧张的客站空间体验，当代铁路客站多采用了高大的空间形态塑造，既可以为建筑本身提供更多的手法题材，又可以形成明确、清晰的空间感受。在大空间下，尽量采用低隔断来围合某些服务空间，减少多余物体对视线的阻碍，再配以各种韵律变化的天光采光带处理，强化空间本身的引导性，可以有效减少外加标识系统带来的识别复杂性问题，使旅客直观地识别目标区域，从而减少陌生感与焦虑心态。北京南站的内部空间就是一个塑造了空间可读性极佳的案例，高大的空间和四向通透的视野，沿主流线两端向中间逐渐升高的尺度变化，充满阳光节奏韵律感的天光带来的流动及候车区域的视觉强化，所有这一切，带给旅客的是一个清新愉悦的现代候车空间（图5-35）。而新武汉站将大空

图5-35　北京南站中央候车大厅

间识别性推进到另一个层次：在一个180多米跨度的大空间中，旅客可以在通往候车区的路线中俯瞰到站台区域，不会出现水平视线受阻的情况，从而将目标区域的可读性提升到新的层次。

#### 2. 关注空间多样性和适应性的变化趋势

当代铁路客站空间形态的大空间趋势可以在相当长的一段时间，减缓旅客焦虑感，带来现代化的新型客站体验。但是，如果单单是为了旅客心理问题而产生大空间形态，其代价显然太高。事实上，利用大空间自由灵活的划分，挖掘其多功能弹性使用的潜力，可以更好地适应铁路客站

未来的多样化发展。在铁路客站内部空间，还应结合向全方位服务经营主体的转化趋势，为旅客提供餐饮、金融、商务、娱乐、购物等综合服务，形成真正意义的城市综合体，如图5-36所示为天津站中央

图5-36　天津站中央候车大厅

候车大厅。虽然目前国内铁路客站尚未真正发展到这一步，但是对其内部空间形态作出这样的长远的考虑，也是一种可持续发展设计观的具体体现。对此，国外火车站具有一定的借鉴意义，日本新京都火车站就是一个提供多种服务的城市客厅，强调市民的参与共享，铁路客站本身的功能相对弱化，仅成为旅客、市民多元化需求的一部分。

3．注重结构形态与内部空间形态表现的逻辑关系

当代铁路客站在结构体系上一般拥有大跨度特征，其结构体系应满足室内空间形态的要求，反之室内空间形态也应该顺应或表现结构体系的特征，两者之间应该表现出明确的逻辑关系，大跨度的屋面结构系统在内部空间视觉效果中会产生重要作用。

在当代铁路客站的内部空间形态表现中，结构形成的力学逻辑和造型艺术是两个主要元素，两者之间的协调与结合是设计的关键，采取不同的结合方式就会形成不同的风格特点。将结构构件在符合结构逻辑的情况下加入一些艺术造型处理，可以将较为冷漠的结构理性转化成充满音乐般节奏的韵律美。这方面的分析可以从前面对结构与空间形态的关系，以及空间形态与当代审美关系的论述中，以及对北京南站（图5-37）、新武汉站、新深圳站等优秀案例的分析中看到，在此不再赘述。

图5-37　北京南站大跨度结构

4．注重室内装饰设计的整体性

当代铁路客站有着大空间、大跨度的空间形态，有着通过性日益强化的功能要求，拥有众多复杂的现代设备。在建筑主导界面产生表现力的背景下，需要从整体来处理装饰设计语言中的形式关系。即要

从内部空间形态的整体出发，梳理出铁路客站本身形态中的主导要素，如屋面、结构等界面系统等，将这些主导要素本身的表现力作为装饰的最重要题材，利用建筑本身的技术要素，将建筑的界面作为装饰的界面。比如，对设备管线的梳理和“包装”来形成装饰主题，利用抽象的手法来体现地域文化特色，做整体性控制，不搞装饰堆砌，形成拥有大面积背景基调的点、线式装修，以免在需快速流动或静心准备心理下的集散和候车空间引起过于复杂的视觉解读。应尽量淡化纯粹装饰目的，不以局部材料本身的装饰效果来破坏整体感。材料、色彩的合适与否，是通过与所处环境的比较而获得的，不宜为了装饰而装饰，以更好地突出建筑的空间－结构逻辑，体现内部空间形态的整体视觉表现力。北京南站、南京站都是从这种原则出发而形成的室内装饰设计佳作。当然，对于室内一些局部空间，可以根据各种功能、文化需要，展开各种主题区的装修设计。

5．强调无障碍设计

无障碍设计虽然在当前出现的频率渐多，但由于其字面翻译造成了颇为狭隘的解读，将其看作只是为残障人士提供的设施便利要求。其实，无障碍设计有着更广义但要求明确的内涵，其英文原文为Universal Design，字面意义即为，以“以人为本”的精神为基础的全方位设计，是以广义的“人”为基点来展开设计活动，其设计原则所关注的是在最大限度的可能范围内，不分性别、年龄与能力，适合所有人使用方便的环境或产品的设计。因此，Universal Design 实际上是在对“以人为本”原则进行具体诠释的技术要求和准则，它不仅要从老幼、残障人士等相对弱势人群的生活与出行活动的方便入手，更应关注提高广大普通人群的生活品质。对此，Universal Design 包含有以下7个原则：①平等使用；②通融性使用；③简明性操作；④信息的快速理解性使用；⑤容错的弹性设计；⑥有效率的轻松操作；⑦规划合理的尺寸与空间。这7个原则为在内部空间形态设计上体现“以人为本”的核心原则提供了明确的系统性参照，产生的影响主要体现在以下几个方面。

（1）整体空间的单一直接性。如前所述，用建筑空间造型手法来强化导向性，形成直接宽敞、通达性明确的单一性整体内部空间，从大的空间区域划分上尽量为人群提供直截了当的功能区视觉辨析。

（2）整体性原则下的简单清晰视觉引导信息。由于各种现代化设施、引导信息标识日益多样而复杂，需要有较为整体性的内部空间形态和色彩，来为数量繁多的视觉刺激形成辨析清晰的图－底视觉背景。内部大尺度空间背景的视觉效果如过于复杂，色彩繁多，极易与各种不同色彩形状、不同面积的局部设施和指示信息形成对旅客视觉的紊乱刺激，造成旅客辨析判断能力的下降。

（3）对无障碍设施的造型整合。利用无障碍设备设施本身来形成室内空间造型的变化，例如，已经成为新客站建设标准的高站台模式，将列车车厢底板与站台设置于同一平面，就是引发站台空间变化的实例，另外，无障碍电梯、人行坡道、水平传送带等设施的造型和布置，都可以引发一些新的空间创新。

（4）强化细节设计。除了楼扶梯、电梯、盲道、坡道、扶手等常见设施之外，还有图形化的信息指示，利用色彩、材料、光影等手段，形成多元信息的视觉引导环境。

北京南站、南京站等铁路客站在Universed Design方面进行了较好的设计，如图5-38、图5-39所示。

图5-38　北京南站无障碍电梯

图5-39　北京南站标识体系

**（六）铁路客站的城市景观设计**

所谓城市景观，是城市形体环境和城市生活共同促成的各种物化的视觉形式。从城市景观角度来研究铁路客站的空间形态，必须立足于铁路客站在中国的现实性和特殊性，以及体验人群的综合要求。一方面，当前中国铁路客站发展速度很快，从布局来看，既有处于城市中心地带和区域中心地带的客站，又有接近城市边缘的新开发地段的客站，它们各自面对的城市景观要求和条件各不相同。另一方面，铁路客站所处地段的观者人群的需求与其他地段的人群需求不同，不同类型不同气候的城市人群的景观要求也不尽相同。针对这些复杂性和差异性，国内从铁路客站出发的专业方面的研究还是空白，更多的是从常规的城市景观、城市设计角度进行的设计研究，虽然一些成果可以应用到铁路客站的城市景观设计之中，但是从前述的各种复杂性出发，具有独创性和有效性的成果却是寥寥无几。在此，由于篇幅有限，本章节将不作深入的探讨，只是从铁路客站空间形态要素的层面上，对一些重要的关键点作概括性分析和探讨。

1. 立足于城市视野的景观营造

从总体宏观的角度看，关注城市的差异性可以为景观设计选取更为独特的创作背景；从公共空间尺度的角度看，迥然不同的城市风格也会引发极大的景观心理差异，比如，城市规模、尺度和密度的不同对建筑空间形态要素的尺度要求必然不同；不同季节、不同时段城市人群的出行心理和行为，不同城市的文化特性，这些都会产生不同的景观需求和处理题材。

2. 立足于铁路客站空间形态的景观营造

考虑铁路客站空间形态，要针对广场、站房、站场这三个要素之间的关系进行整体性景观组织与营造。其中最重要的和最具难点的地方在于处理广场与站房之间的关系。由于客站建设的现实问题，站房和广场一般分属两个不同的业主，即铁路系统和地方政府，他们往往站在各自的角度对站房和广场提出意见相左的设计需求。比如，铁路系统更关注广场对站房的功能性支撑，希望广场更简洁，更通畅；传统客站广场中颇有标志性的钟楼，都在新的功能变迁中失去存在的意义；新型铁路客站将公交车、出租车、社会车辆，甚至自行车等所有交通模式都纳入进去，形成最复杂的交通内容介入，必然会对站前广场的景观设计产生更为不同的要求。与此相反，地方政府则看重广场对城市特色的体现，要求在广场栽植较多树木，设置景观水池，或者大型特色雕塑等。这些在城市其他地段较为通用的景观手法，在面临春运等季节性出行高峰客流时，将不可避免地陷入尴尬境地。因此，不能仅从各要素本身单一地考虑问题，需要统筹兼顾各要素间的关系，整体性寻找景观设计的创新点，比如兼顾地方特色和广场预设功能的可变装置，设置与站房尺度和谐统一的广场雕塑等，将其看作城市公共－交流性与铁路客站功能－系统性的融和器。如新武汉站、杭州东站通过广场界面的起伏变化，以及与景观要素的精炼穿插，使之与站房在空间形态的衔接性、自身的景观特色性以及广场的现代流线功能进行了很好的整合。

# 第二节　铁路客站设计的文化性表达

中国铁路客站的文化性表达，在经历几十年实践与探索后逐渐积累了丰富的创作经验。作为我国铁路客站设计典范的北京站，其审美的文化价值和精神价值已经超越了它的实用功能，可见文化性作为客站的重要性质之一具有十分重要的意义。新建成的北京南站则恰如其分地处理好了与城市整体文化的关系以及与天坛周边小环境的关联，又不失大型交通枢纽的时代特征，大大优化了城市公共空间的品质。总而言之，建筑作为一种文化的载体，尤其是对于作为城市"门户"和铁路"窗口"的铁路客站建筑而言，面对大体量、大空间、大屋顶、大高架、大玻璃幕墙等客站建筑形态的巨大变化，对铁路客站建筑表达文化性的方式方法应进行进一步深入研究与探索。事实表明，只有注重了文化性表现的作品才有着旺盛的生命力。文化性是当代客站建筑设计中不可忽视的重要因素，文化性表达是当代铁路客站建设的重要原则之一。

## 一、铁路客站设计中文化性表现的重要意义

从我国铁路客站100多年的发展史来看，在相当长一段时间内，我国铁路客站的设计模式及美学表现是相对停顿的。近年来，随着改革开放带来经济技术的迅猛发展，铁路客站建设也进入了新时代。当今铁路客站不仅是城市发展的核心内容，带动着城市经济的快速发展，同样也是城市的门户，是城市的新地标。仅从客站"城市门户"角色来看，建筑形式对于城市特色进行诠释已非常必要。如何通过设计使铁路客站较好地体现文化特色，是设计中值得思考的重要问题。因此，文化因素对客站设计有着重要的价值和意义，主要体现在不仅对其自身建筑创作方面发挥着提升创作层次的重要作用，还能改善城市空间质量、促进城市发展。它是建筑创作富于生命力的肥沃土壤，是建筑创作构思的重要源泉。

### （一）文化性表达有利于提升建筑创作层次

建筑具有双重性，它既是物质财富，又是精神产品；既是技术产物，又是艺术创作。一个优秀的建筑作品，其精神内涵的作用常常超越功能的本身。浏览和揣摩当代建筑设计作品，我们不难发现，其中一些优秀作品之所以成功，就在于其丰富

的文化内涵。建筑的文化性应该体现在独具匠心的艺术形体创造、丰富的内部空间组合、和谐的色彩搭配上。历史地看，那些有影响的建筑，不是因为其功能，而恰恰是因为其建筑文化的成就。北京的天坛、巴黎的埃菲尔铁塔、悉尼的歌剧院无不如此。这些作品，既能体现出当时建筑设计的观念与时代气息，又能折射出各民族、各地区不同的历史文化特征和审美取向，显示了文化与建筑设计紧密结合的艺术魅力。由此可见，文化因素作为建筑创作的重要因素，对建筑创作层次的提高有着重要价值。

为了摆脱各种单一的、表层的创作困境，进入较高层次富于文化内涵的创作角色，必须对各地区建筑文化的精神实质和发展演变过程进行深入的探索和认识。对铁路客站这样重要的大型公共建筑，建筑创作需要对所在城市的建筑特征有个总体把握，对所处社会、自然环境进行深入思考，多方面、多层次地反映当时、当地城市的精神风貌。只有在设计中追求铁路客站的交通功能、时代特征与地域文化的完美结合，才能创造出优秀的铁路客站建筑作品。

### （二）文化性表达有助于优化城市公共空间品质

一个城市空间品质的高低，大体则可以从它的历史文化、特色风貌、场所精神、城市肌理、城市意象、城市色彩等要素来进行评价。铁路客站与城市紧密关联、密不可分，是城市整体中重要的组成元素。它的建筑形态与整体城市空间的变化有着密切的联系，新一轮铁路客站建设必然引起城市空间品质的变化，在客站建筑设计中注重文化性表达对城市空间品质也一定会产生积极的意义与影响。

#### 1. 客站设计的文化性表达有助于留住城市的“根”

历史文化是一个城市的精神气质和修养，是它的根源所在。优秀而深厚的历史文化是一种伟大而深入人心的力量。很多时候城市的历史文化都是以一种“脉络”或“线索”的形式显现出来，而铁路客站建筑作为这种“脉络”和“线索”的一个重要载体，可通过对所处环境中传统材料的选用、造型中对历史传统元素的吸取等方法来充分表现城市的文化特征，力求从一个侧面反映出城市的文化、历史。

#### 2. 客站设计的文化性表达应重视塑造城市的“魂”

场所精神是城市的灵魂所在。场所精神来源于对空间场所的方位感与认同感，人对场所精神的感知，既可以来源于场所的整体氛围，也可来源于场所的局部细节。对城市空间环境的认同感有可能来源于某一个单体的建筑物，也有可能来源于对整个城市空间氛围的感触。因此，客站设计的文化性表达必须在尊重原有空间结构、建筑风格、乡土材料的基础上进行。

3. 客站设计的文化性表达彰显了城市的“意”

在如今钢筋混凝土构筑的城市中，很难再区别各个城市的不同，为避免千城一面的局面，有必要挖掘每座城市丰富的文化内涵。客站设计的文化性表达既是彰显城市个性的关键所在，也是决定一个城市空间品质好坏的关键所在。

### （三）地域文化是建筑创作富于生命力的土壤

我国地域辽阔、幅员广大，城市与建筑文化内容丰富、特色鲜明，每一座城市都具有其相对独立的文化特点，这些都可以是客站建筑创作的源泉。针对不同的地域环境、人文特色、时代风貌等因素进行设计创作，才能形成当代客站建筑丰富多彩的个性特征。只有在设计中体现出鲜明而充实的文化性，才能使铁路客站建筑经受时间与观念的审视，历久弥新，成为全社会文化和精神的财富。

在铁路客站设计中，有必要对地域文化进行认真的研究与分析，应从各个角度去探索民族文化、研究传统文脉。不只形似，更注重神似，并寻求现代科技手段、现代功能和现代建筑美学与历史文脉、环境的沟通，图5-40所示即为一个典型例子。

## 二、铁路客站设计中的文化性表现

当今社会，建筑不应该只是功能与空间的组合，它更需要一种文化的支撑和创新意识的引导。任何建筑文化最终都要通过一定的形式表现出来，这种表现形式从根本上说就是特定文化内在精神“物化”的结果，它主要表现为人们关于建筑的价

a) 拉萨站

b) 布达拉宫

图5-40　拉萨站与布达拉宫

值观念、审美观念、设计思想和方法以及由此而导致的建筑形式和风格。它一方面受时代生产力发展、技术进步、生活方式的约束和影响，具有鲜明的时代性和社会性，同时它又必然要体现特定民族或地区的人们的心理机制和内在情感。

### （一）整体性——与城市文脉的衔接与融合

城市是建筑的城市，建筑是城市的建筑。铁路客站建筑与城市紧密关联，是“城市的门户”，更是城市的重要组成部分，是城市中最具活力的地区。因此，客站建筑在注重自身经济、功能以及追求建筑美学价值的同时，还要重视与城市空间、历史文脉、地域特征等的相互关联。

建筑的形式里积淀着文化，城市空间也一样。协调建筑形式与城市空间的过程就是将各种因素统一考虑和再创造的过程。在这个再创造的过程中，既要综合运用建筑的形式美学原则，也应了解当地人群的传统欣赏习惯。大致上来说，铁路客站建筑与城市空间的整体性关联主要表现在：既注重时间上的协调——尊重历史文脉，又注重空间上的协调——因循城市空间。

1. 传承城市文脉

城市文脉是城市产生、发展、变化的有机时空背景。从直观上看，城市表现为一种显性形态，即由物质实体组成的各种自然环境与人工环境。但从本质上讲，城市却是社会、经济、宗教、传统及社会心理文化交互作用的结果，可以说城市就是由多种复杂因素构成的有机系统。不同城市的环境特征及其蕴涵的历史文化各不相同，因而形成了不同城市的地域文脉和建筑式样，也就形成了其独有的城市形象。铁路客站建筑对城市文脉的传承主要表现在以下几个方面。

第一，客站建筑设计应植根于其所在城市固有的历史文化、地理环境等城市地域特征，从而成为城市文脉的基本构成。地域性建筑的叠加越多、范围越广，城市特色的共性元素也就越多，城市的地域精神便随之增强，从而使得城市文脉得以传承。

第二，客站建筑创作对城市文脉的传承应与时俱进。随着时代的进步,人们的生活方式、文化观念、美学观念、价值观念都发生很大的变化，城市文化内涵也在不断更新与发展，不能简单地固守和复制，而应批判地接受历史建筑，以延续地域环境的历史传统和建筑文脉，同时还应在历史文脉中注入新的生命，赋予城市新的内涵，使历史的记忆得以延续和升华。

第三，在对待城市文脉的传承时，存

在着一个正确对待西方文化的问题。事实上，在客站设计中合理汲取西方先进文化的精神，有助于设计的进步，从而可以使地域文化更上一个台阶，在跟得上时代发展步伐的同时，又不失原有的文化精髓。

2．融入城市空间

建筑作为维护和界定城市空间的主要因素，建筑形体及建筑相互之间的关联、组合不仅决定城市空间的大小、形态和用途，对城市空间的精神意义——空间意境的作用更显突出。特别像铁路客站这类大体量交通建筑，若处理不好，将产生负面影响。只有当其与城市环境匹配契合时，才能发挥积极的社会效益，并有效地传达城市的文化、美学价值及个性特征。

首先，在客站建筑的选址方面，应满足城市的功能布局，要将设计置于城市设计的政策框架之中，在城市设计为其规定的由外向内的约束条件下，借由为其预留的进一步演绎发展的空间，实现建筑的功能价值与景观特征，同时表达自身的审美偏好与文化表征。

其次，在与城市地形地势以及客站周边已有建筑群体的形态关系处理上，应坚持一个很重要的原则，即“培养”和“建造”场所。客站建筑设计绝不仅仅是设计一个孤立的单体，而是紧密联系到它周围乃至整个区域的城市空间，

再者，在调和客站建筑个体与城市空间交互作用的过程中，文化性表达可有效地使客站融入到城市空间之中，它不仅能使建筑与城市空间具有连贯性与和谐性的视觉感受，而且对城市已有的空间形态起到规范与强化作用，从而最终使个体与局部的设计具有鲜明的地域特色并与城市整体风貌相协调。

### （二）时代性——体现文化的时代特征

建筑作为一种文化形态，它既是人类文化大体系的一个组成部分，又与社会经济、科学技术、政治背景息息相关，各种观念无时不在制约着建筑文化的表达和发展。随着信息时代的到来，社会生活方式、文化观念、美学观念、价值观念都发生很大的变化。

而建筑作为一个时代的写照，新的技术体系、新的思维方式、新的科学技术，必然带来了新的设计观念和思想。现代建筑创作很自然地会与当今时代特点和要求相适应。建筑更应充分运用自己特殊的语言，来表达所处时代的精神与风貌，表现时代的科技观念，揭示时代思潮和审美观。归根到底，是时代精神决定了建筑的主流风格，只有把握好时代脉搏，建筑才会不断创新和向前发展。

铁路客站建筑要充分体现时代特征，即体现当代最先进的文化。主要表现在

对先进设计理念的运用，在客站设计中大量采用新结构、新材料、新技术、新设备等新时代产物，如用新结构解决客站大空间、大跨度结构、空间与结构一体化等方面需求，以新设备、智能系统解决通透性、舒适性、高效性等方面要求。在铁路客站建筑现代化建设过程中，还应避免因对时代特征的过分强调而导致城市特色与场所感的丧失。从时代的观念角度出发重新审视铁路客站地域性特征，是实现客站建筑文化性表达的重要途径。只有将时代性与地域性文化精华有机融合，才能创造出既满足时代发展需求，又体现地域特色的丰富多彩的客站建筑。

由此可见，客站建筑创作不但要顺应时代的发展，以开放、包容的心态和批判精神，将世界先进的技术运用到建筑创作当中去，而且还要有文化自觉的意识、文化自强的态度，努力保护中国建筑文化，求同存异，因地制宜，创作有中国特色的现代铁路客站建筑。

**（三）地域性——注重地域文化特征**

铁路客站作为交通运输空间变换的节点，必然坐落于一个具体的地域，受到地域环境中自然、文化、技术三大因素的影响，因此要体现出应有的地域特征。

首先，铁路客站建筑占地面积大，体量往往也比较高大明显，如果建在宽阔的城市外围空间中，建筑空间与自然环境的关系也更为直接。处理得当，它可以成为大地景观的一部分，可以充分利用环境特点与优势， 通过对周边山体、水系、林木等自然景观作深入分析研究，采取借景、对景、造景等方式，使客站的主要空间能够共享周边自然风光，达到“巧于因借，融于自然”的效果，从而使铁路客站具有鲜明的地域性。

其次，地域的气候因素是建筑形态的最重要的决定因素。气候不仅造化了自然界本身的特殊性，如地表肌理、植被等，还是地域文化特征及人类行为习惯特征的重要成因。铁路客站设计在空间形式上应反映出对当地气候特征的适应性，有针对性地解决自然环境带来的问题，与地域气候特征相适应不仅有助于塑造不同地域的站房建筑形象，也有助于尽量采用生态、节能的建筑形式，构成与地域自然特征的适应与和谐。应利用最先进的结构、设备、材料和工艺，结合不同地区的特殊气候条件，因地制宜地创造理想的人工建筑环境。

此外，地域的人文特色与文化底蕴为客站建筑提供了丰富的创作源泉。建筑的人文特色主要表现在当地的历史轨迹、文化传承、传统习俗，也包含在一个民族、一个地区的人们长期生活积淀形成的观念意识、生活方式以及由此形成的城市肌理和建筑环境中。我国地域辽阔、幅员广大，城市传统与建筑文化内容丰富、特色鲜明，地区间的地理条件、人口分布、经济文化发展状况、建筑条件、历史传统等方面都存在着深层次的文化差异，必须承认这些差异并揭示其内在规律，注重从各个角度去探索民族文化、研究传统文脉。在建筑的地域性文化表达中不应只追求形似，而应更注重神似，并寻求现代科技手段、现代功能和现代建筑美学与历史文脉、环境的有效沟通。

因此，客站要体现地域人文特色，首先应从人文环境的历史性、文化性、社会性三个属性入手，调研、搜集资料加以分析整理，归纳出若干特征，形成一个独特的总体立意，实现由形式到意境、由意境到文化蕴义的升华，并在设计中加以体现。尊重城市和地段已形成的整体布局和肌理，在站房体型、体量、空间布局、建筑形式乃至材料和色彩等方面进行针对性设计，使铁路客站的建筑形象与城市空间融为一体。

## 三、铁路客站文化性表达的探索与实践

当前，我国铁路客站创作空前繁荣，文化性表达的方法很多、手法丰富，多途径地探索了我国铁路客站文化性表达的创作之路。一些客站由较单一功能转变为综合交通枢纽，与以往铁路客站相比，其内涵更为丰富，形态更加多样。近年来，一批新型铁路客站无论从方案构思，还是与城市关系的处理，以及整体造型、细部表达、材料与色彩等诸多方面，都很好地把握了当代铁路客站的性格特征及时代精神，同时结合国情反映了所在城市的地域文化特色。

### （一）与城市肌理有机协调

城市肌理是历史长期浸润和积淀形成的，与城市的产生和发展相依相存，休戚相关。城市的道路、水系和邻里、街坊内的建筑共同构成了城市的肌理，这也是建筑与城市空间文化特色的重要体现。建筑与道路、水系有密切的关系，道路和水系的走向、坡度等直接影响每帧建筑的布局。而建筑自身又有功能、交通朝向、空间造型等方面的要求，要把两者密切结合起来，才能构筑合乎空间逻辑的城市肌理。

如苏州新站设计方案（图5-41），由于它是在现有的基础上扩建，空间有限，可以用“小”字形容，而这个“小”字也恰恰是苏州的特色。为此，设计方案首先把“大”屋顶变“小”，将整体的大屋顶变成一片小屋顶的聚落，使之与苏州城市

图5-41　苏州新站

肌理巧妙契合。

### （二）注重建筑整体造型表达

现代铁路客站整体造型设计中的文化表达，一方面，是“外部形象反映真实结构”的基本建筑理念在铁路客站造型上恰当而独特的表现，另一方面，则是对地域特征、人文特色、时代风貌等文化因素的综合体现。铁路客站形象是城市乃至周边地区地理、历史、人文、经济及时代特征综合而集中的表现，应有突出的可识别性与标志性。

近年来，涌现了拉萨站、北京南站等一批以整体造型恰当地反映所在地域文化的优秀案例，武汉站、西安北站等一批文化特色鲜明的方案也正在实施。以拉萨站为例，自古以来，西藏建筑长于利用地形地势，使建筑与大地景观融为一体，拉萨火车站的造型处理，正是借鉴了藏族建筑造型的处理手法，利用铁路站台的长度使建筑尽量地在水平面度伸展，且利用竖条窗和墙板的组合，形成前后错动、高低起伏的阵列形状，使之如同从大地中涌动生长出来一般自然生动，如图5-42所示。

北京南站造型设计的整体构思起源于椭圆形态的保留和天坛概念的引申，天坛采用三重檐圆形平面的建筑形式，是古代建筑的最高型制。设计利用现代技术手段实现“天坛”的屋面形象，把圆形平面的三重檐运用到椭圆平面上，最高的屋檐变

图5-42　拉萨站主入口透视

成弧形屋盖，与高架进站厅功能对应，车站两翼的雨篷，恰好可以通过两重屋檐的变化形成。北京南站采用天坛为设计的隐喻载体，成为极具文化性和时代感的地标性建筑，如图5-43所示。

武汉站设计方案构思新颖，其造型结合武汉独具的特色，建筑外观富有多层寓意，如图5-44所示。其中立面水波状的屋顶寓意“千湖之省”的省会——江城武汉；建筑中部突出的大厅屋顶象征着地处华中的湖北武汉“中部崛起”，反映出武汉蒸蒸日上的经济发展形势。周围环绕的屋檐，其造型取自中国传统建筑重檐意象，九片屋檐，同心排列，象征着武汉“九省通衢”的重要地理位置，同时突出了武汉作为我国铁路客站的四大客运中心沟通全国，辐射周边的重要交通地位。

西安北站的造型方案设计构思独具匠心（图5-45），设计以既合理解决好交通建筑的大跨度通用性，又能体现出西安厚

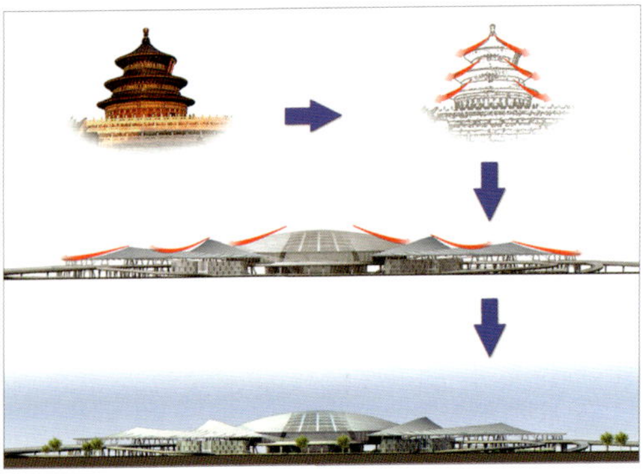

图5-43　北京南站造型设计构思

图5-44　武汉站

图5-45　西安北站设计方案

重的文化底蕴为出发点，立面以唐代大殿进行实体要素转换，客站屋顶、进站大厅、高架层分别源自唐代宫殿出檐深远的庑殿顶、结构外露的屋身、浑厚有力的台基。屋顶为大跨度轻钢折板网架结构，构成优美的唐代屋顶形式的曲线，巨大的出檐既表现了唐代建筑的恢弘气势，也有十分实用的防雨、防晒功能，屋顶曲线还构成了梭形的采光通风带。总体来看，此方案做到了将外观美与建筑结构、使用功能合理地达成一致与和谐。

新郑州站设计（图5-46）以鼎、双联壶为原型进行抽象，整个车站看上去犹如一个抽象雕塑，造型手法厚重沉稳，建筑形象浑然一体，体现了河南作为中原文化代表的文化特质。

建筑细部与室内设计运用了来源于“连鹤方壶”的文饰，内外呼应，协调统一，进一步体现“青铜文化”的意蕴。另外，建筑倾斜的边角透露出一种强大的力度，整体上形成运动的速度感，体现当代交通建筑的特征。

### （三）强调建筑细部元素的把握

一个好的建筑作品往往通过建筑细部来充实建筑形象，以不同地域文化理念精心设计的建筑，更能够自然而然地孕育出各地区独具特色的建筑文化。比如，从立面细部元素入手，在铁路客站设计中借鉴当地传统建筑和民俗建筑细部元素，这对客站建筑的整体艺术形象的创作具有不可低估的作用，这些细部元素可以表达地域历史传统中某些回忆、片段，表达地域的精神特征，客站建筑以具有美感的现代建筑语言形象地

图5-46　新郑州站方案设计

将其展现出来，在体现形式内在逻辑的同时，使之成为一种新的地域元素，能使客站建筑的艺术形式更具魅力。

在具体设计中，将传统建筑的某一部分元素直接运用在客站建筑上，是我国在探索客站建筑设计地域性表现初期所尝试的方法。其具象造型和直接象征的指示能力是强烈的，但是这种符号原型需要建筑背景，这样的艺术处理简单生硬，如前文提及的北京西站顶部装饰。在当代客站建筑地域性设计中，对地方建筑的传统符号的直接使用要十分慎重，应该经过尺度的调整和形式的变异来生成新的适合客站建筑的表现形式，而且一个传统形式在经历抽象演变时可能由此获得比原形式中更加富有韵律的细部变化和更加丰富的含义，这正是元素转化的意义所在。

武昌站、延安站等设计很好的把握了地方建筑传统元素的现代表达。在设计中对传统元素的重新抽象表达来延续地方建筑细部特征，既能保持建筑原型的精神特质又能产生创新形式的情趣，达到传统文化现代表达的效果。

在武昌站造型细部设计中，通过对传统元素的淬取，外窗借用编钟的形式，与墙体一起，形成连续的韵律。入口雨篷吸收汉阙理念，达到功能与形式的结合，如图5-47所示。而延安站的建筑形象注重概括提取窑洞这一典型元素，作为造型的基本母题，使人会联想到窑洞是革命先行者居住过的地方，象征着延安精神。另外，客站主入口以汉代门阙的造型为原型进行提炼，是因为陕西是秦汉文化兴起的地方，同时建筑通过材料、细部构造的设计，用现代手法体现出“秦砖汉瓦”的神韵，如图5-48所示。

地方建筑传统符号与客站建筑尺度的协调是当代客站设计中面临的一个普遍性问题。在大体量现代客站建筑设计中借鉴传统建筑符号，必然要求尺度的变化，设计应注重两者的尺度协调。

图5-47 武昌站立面图

图5-48 延安站细部造型构思

新厦门西站设计方案（图5-49），设计充分汲取闽南地区传统民居的特点，注重屋顶尺度与建筑整体相协调，运用

图5-49 厦门西站设计方案

现代索桁架结构体系，创造出既舒展大气，又反映出闽南民居"燕尾脊"的地域特色建筑。

丽江站（图5-50）则对坡屋顶展开另外一种抽象性的创造：将坡顶脊线沿两侧延展，形成更具动势的层叠青瓦纹理屋面，其韵律变化即呼应着该站远景中玉龙雪山起伏的山势，又将丽江屋顶的直观印象直率地展示出来。坡屋顶与下部的交接支撑方式在视觉上形成自身的独特性：坡屋面通过斜向支撑框架与地面升起的石柱交汇在一起，以更加轻灵的方式接触大地，主入口伸展的坡型框架尺度和气势形成了强烈的视觉印象和冲击力，与著名的东巴文化图腾"大鹏金翅鸟"产生一种神态上的呼应。

此外，在客站建筑造型细部设计中，合理运用符号性装饰图案（图5-50），对地域文化的表现也会起到较好的叙事性作用。如敦煌站的局部采用敦煌壁画的雕刻，丽江站在屋面构架交接点的基石、主入口门坊石材上刻以东巴文字的符号，从局部片段对地域文化进行表现。

### （四）重视建筑色彩与材料的运用

建筑色彩包括建筑材料固有的色彩和人工赋予建筑物的色彩，建筑除产生直接的美感外，还常常具有一定的象征意义。色彩的运用可以起到装饰建筑的作用，不同的地区可以通过不同的色彩特征对地域性建筑加以界定。地域性色彩的形成究其

图5-50 丽江站

根本，与地域的自然地理条件和气候因素有关，同时也是不同地域历史、习俗、礼仪等带来审美心理差异上的表现。因此地域色彩的运用可以赋予建筑一定的内在气质，使建筑具有一定的标志性。

另外，材料的合理运用可以增强建筑立面的“可读性”，同时也会引起人们的视觉联想，为满足客站的功能需求，以及对地域环境的尊重，客站造型设计中对材质的选用，应充分吸取地方材料的精髓，并结合时代特征，从材料的角度探寻建筑造型的逻辑，以及通过材料的意志来实现建筑的思想，这样才能给建筑造型设计带来新的活力。

拉萨站色彩以白色与棕红色相间，为表现出藏族建筑特有的粗犷大气的视觉效果，客站综合考虑自然气候和施工条件，材料选择为彩色预制混凝土墙板工艺，表面是竖向条纹人工打毛而成的肌理效果，白色条纹粗，红色条纹细，且色彩贯穿内外，使其成为了空间而不是平面的语汇（图5-51）。敦煌站（图5-52）为了体现敦煌及莫高窟“兴于汉魏，盛于隋唐”的历史及文化特征，建筑材料和色彩的选用以明快沉稳为原则，站房外墙以烧毛面石材和透明清玻为主，由于当地砂岩和沉积砾岩抗风化能力较弱，在外立面上仅适宜局部使用，主体石材选用锈石花岗岩。经过与琉璃瓦檐口的效果对比，屋面坡檐采用深青灰色无釉彩瓦，以营造质朴、明朗的材质效果并与总体造型特点相协调。站房室内装修以石材玻璃、亚光面浅色金属材料组合使用，形成纯净而含蓄的材质肌理，表现出较强的时代感，反映了站房空间的功能要求。

### （五）追求与城市空间的融合共享

建筑是城市的构成要素，建筑与城市空间的融合与共享是建筑文化特色的具体体现。把具有城市空间特点的纹脉传承融入建筑不仅体现在造型和立面设计上，在空间塑造上的体现更为重要。应使客站建筑的空间环境，既是一个为人们提供的迎来送往的场所，又使人们能够感受到整个城市的文化。

南京站的位置得天独厚，南临风光秀

图5-51　拉萨站色彩与材质

图5-52　敦煌站

丽的玄武湖，为此，站房南向设置大面积通透的玻璃幕墙，建筑造型轻盈通透，使湖光山色成为站房内外的景致，站内空间与外部环境景观相互交融，并以“船”的喻意沟通与“湖”的内在联系，使得建筑空间与城市空间融为一体（图5-53）。

21世纪建筑文化共融共生，面对新世纪全球化、文化趋同的态势，我们既要注重对传统文化的保护和发展，又要注重多元文化的综合交流，在传统与现代、国际性与地域性多种文化交流和共存的基础上，创造具有新的审美价值和时代精神的建筑文化。

图5-53 坐落在玄武湖畔的南京新站

# 第六章

# 铁路客站的运营变化与设计评价

随着铁路的快速发展、客运需求的不断改变、人民生活水平的逐步提高，铁路客站设计从规划布局、功能流线到空间形态都发生了显著变化并正在继续发展。在这个过程中，铁路客站运营管理作为客站系统的一个有机组成部分，也逐渐发生着变化。这种变化与铁路客站设计变革互为因果、互相促进。一方面客站运营管理新需求提出了新的设计要求，例如“零换乘”、全方位服务等依附于物质空间形态的功能变化需要在客站设计中得以体现；另一方面为适应未来的发展，某些设计存在一定程度的适度超前，因此很多方案都参照理想的客站模式展开设计，这要求最先进的运营管理与之配合。这两方面相辅相成的关系，使得铁路客站的运营管理成为客站设计研究中必要的组成。

众所周知，铁路客站正处于前所未有的高速建设时期，每年都将有大量铁路客站完成设计与建设，如何把握铁路客站的设计与建造质量是关系铁路建设大局成败的关键问题。在这个阶段开展必要的评估，建立与之相适应的评价体系，依据一定的客观标准，通过对各种相关因素和相关事实的测量评判，完成对铁路客站设计及其使用效果客观衡量和科学判定的系统过程，形成相关评价标准体系，用以指导今后铁路客站建设，对于确保大规模铁路客站的建设质量具有十分重要意义。而铁路客站作为一个功能复杂规模庞大的系统工程，对其仅作经济性、技术性单项评估是远远不够的，结合不同的建设阶段需求，还应开展铁路客站建筑设计综合评价、建筑性能评估、建成环境主观评价等多种评估。本章比较了主要评价类型之间的差异，结合中国铁路客站建设发展阶段，本研究重点指向针对设计的综合评价。这是因为大量的客站正处于设计阶段，决策和建设单位在优选方案时需要设计评价研究作为重要的参考内容。同时，建筑设计评估的指标体系内容对建成环境主观评价等针对客站的进一步研究具有积极意义。



## 第一节 当代铁路客站运营发展

### 一、我国铁路客站运营发展趋势

铁路客站是“增强铁路核心服务价值的产品”，也是铁路对外服务和展示形象的窗口，其运营管理的改进与发展对提升铁路整体服务水平具有积极意义。

### （一）铁路客站业务

铁路客站尽管分类不同，功能存在一定差异，其机构设置也不尽相同，但从总体来说其业务都可以划分成两大类：运输性业务和商业经营性业务。运输性业务主要包括：客运服务业务和车站技术业务。商业经营性业务主要包括：商品零售、寄存、餐饮等。客运服务业务由客站客运及售票部门负责管理，客站技术业务由客站运转及设备部门负责管理。在客站业务中最重要的部分是与旅客直接相关的旅客服务体系，具体包括：站房站台服务系统、客票发售和预订系统、旅客导向系统、旅客查询系统、列车到发通告系统、自动检票系统、自动广播系统、餐饮服务系统以及城市交通配套系统等。铁路客站运营管理必须保证各项业务的顺利开展。这种运营管理方式的变化也带来新客站设计的变化，影响了客站管理用房的位置选择、客站控制系统整合以及商业经营等服务系统的一系列设计决策。

### （二）国内业务特点和国外相关经验

我国目前多数铁路客站采用的传统设计和管理模式，以管为主，目的在于组织旅客安全乘降、迅速集散，为等候旅客提供舒适的候车空间和服务，同时完成承运、保管、中转并交付行李、包裹等作业。由于旅客运输量大、情况复杂等因素，客站效率不高，目前正在使用中的客站客运服务设施不尽完善，还存在着诸如旅客进站乘车不便、设备陈旧且配备不完善、与客站配套的城市交通换乘设施流线迂回、未建立铁路客运服务信息中心、信息缺少查询途径等问题。客站服务流程也不尽合理，没有为旅客设计和提供最佳的购票、乘车流程。除了这些现有客站面临的问题外，还有许多发展过程中带来的新问题也需要在客站设计中予以解决。

而对比国外，许多国家在铁路运营管理方面已比较成熟，其具体特点包括：采用开放式管理、客站服务质量和信息化程度较高；铁路客站商业开发经验丰富，其功能已拓展到提供居民休闲、购物场所；注重品牌经营，在服务质量、商业开发中力求专业化，并引入知名品牌，不仅提升了客站整体形象还对树立良好城市形象帮助很大。这些方面的经验都值得我国在铁路客站建设和运营管理中借鉴学习。

### （三）铁路客运站运营的发展趋势

1. 从“服务运输，以管为主”到“管服结合，服务社会”

在铁路大发展的背景下，铁路客运专线陆续开通，大型综合交通枢纽陆续开始建设，对铁路客站服务质量的要求也远远高于既有车站，需要满足快捷性、高效性等特点，其新的发展趋势可以概括为从“服务运输，以管为主”转变为“管服结合，服务社会”，即应改变将旅客当作组织管理对象的传统做法，通过建立日臻完善的铁路客站运用管理体系，为旅客提供最大限度的服务。

传统“以管为主”的铁路客站运营单位为了便于管理，避免逃票和旅客流线混乱等现象，人为地设置了许多关卡，将交通流线的关键部位进行局部缩紧。而当代铁路客站设计中如何为旅客提供便捷、舒适的服务成为设计的重要考量。为旅客提供的服务包括：舒适的候车服务、便捷的乘降服务、方便的信息服务、周到的商业服务、其他特色服务。这些内容综合构成了客站的全方位服务，使得传统客运作业的“售票、乘降、服务、行包”在方式、内容上都有新的变化。同时，安检的重要性在新的社会背景下也凸显出来。在这个发展变化过程中，客站管理逐步向集现代化、信息化、人性化、智能化于一体转化，以创造出“安全、快捷、方便、舒适、环保”的客站环境，更好地服务旅客和社会。

### 2．在保证舒适性的前提下注重效率

随着客运专线、高速铁路以及城际铁路的建设，旅客列车开行数量将快速增加，客站运营的能力需要随之不断提高。“零换乘”、“通过式”都是应运而生的新型客站流线设计模式，目的就是为了提高铁路客站的使用效率，这是铁路客站运营发展的趋势。铁路客站运营从管理模式、设备运用、作业程序等各方面都需要改善发展，以确保铁路运力的提升，真正实现高密度、公交化的运营，并最终实现“建立高效、科学、规范的运营机制，实现运输效率和运输效益的最大化”。但对效率的追求不能以丧失旅客的舒适性为代价。

### 3．综合多种经营提高经营效益

铁路客站的运输生产性服务由客运部门负责，而包括商业、餐饮及其他延伸服务在内的非运输生产性服务，由多种经营企业运营。过去多种经营企业与客站所属铁路局存在产权不清、责权不明的问题，并且经营业务和方式高度分散性，经营项目单一、层次低下，服务能力不强。当代铁路客站的运营面临着旅客对服务质量的更高要求，面临着客站作为综合交通枢纽角色定位、复合功能布局等新变化趋势，更需探索全方位、多层次、高品质的综合开发模式，建立规范的管理体制和经验模式，提高经营效益。

### 4．树立品牌意识重视提升服务品质

在铁路客站发展初期，客站依附于铁路吸引大量人流聚集，推动了周边地区的

发展。但随着其他交通工具的发展，铁路一支独秀的局面被打破。特别是在近二十年，由于空运和公路运输的发展，尽管铁路依然具有全天候、安全、运量大、节能、污染少等优越性，但不可否认的是，与飞机相比，铁路的速度不够快；与汽车相比，铁路的灵活性不够好，不能真正实现到门到门服务，许多经济实力较好的旅客选择了其他交通方式，相对经济的铁路交通方式吸引的是普通大众。相较于国外干净、明亮、环境优美的铁路及其客站形象，我国铁路客站在人们心目中往往和混乱的人流和嘈杂的环境联系在一起，形象和品质不高。但随着高速铁路、客运专线和新型客车投入使用，铁路运输的服务品质必然不断提高。中国的铁路客运也正在逐步建立类似国外TGV和ICE这样深入人心的品牌形象。注重以人为本，营造优美环境，完成高效快捷的客运作业，提升客运整体品质成为客站运营重要的发展趋势，也是中国铁路运输品牌发展的必由之路。

## 二、当代铁路客站运营管理中需要解决的主要问题

运输管理系统通常由人员、设备、环境和管理四要素构成，其中人是系统运行的核心、设备是系统运行的物质基础、环境是运行的外部条件，而管理则是一定技术、经济和社会条件下系统有序运行的关键。对于新型铁路客站来说，多种经营和全方位服务带来了人员变化；节能和新技术引入了各种新的设备；社会运营环境和客站建筑物质空间发展带来了双重的环境变化，其结果必然是客站运营管理要适应这些要素的发展而不断优化和改进。

### （一）动态变化中的适应性问题

当前铁路客站仍然处于发展期，不可能短时间内实现中、长途客运的“高密度”开行，因此在向“通过式”模式发展的过程中，铁路客站将会在较长一段时间内存在“等侯式”和“通过式”兼有和共存的方式，这就必然导致功能设置和空间布局上的双重性和复杂性。在铁路客站设计中应考虑到两种模式共存的需要，并为将来的“通过性”空间预留设计转化可能。因此多种交通流线并行、多种售票方式结合、多种乘车与管理方式并存成为铁路客站设计的新要素。而在向零换乘的城市综合交通枢纽转换过程中，铁路客站的运营管理也将出现相应变化，需要考虑现有能力和预留能力之间的“兼容”。

此外，我国铁路客运与世界上其他国家相比，除了运输人数规模大外，铁路客站汇聚人流的季节性变化大是最突出的特点。在春节、黄金周等特定时期，特别是

春节前后会出现最高汇聚人流。这要求客站空间的容纳能力应能保证在最高汇聚人流情况下的安全通行和运营，有人称这种情况为“过饱和旅客运输管理”，客站运营除了制订组织预案外，还应该与气象、城市公交系统等其他部门建立协调机制，对客流聚集趋势进行预测、检控，通过信息发布、诱导旅客调整出行时间与方式来进行旅客疏散。从另一方面来看，保证了高峰时期的运营量也可能造成平时某些设备和空间的闲置。这一特点需要铁路客站空间考虑预留可变性，以适应功能和容量的变化。具体来看可通过设施、空间划分等措施来实现，如杭州火车站在春运期间，就采用将地下停车场临时改为候车室的方式。因此铁路客站在设计中需要考虑运营管理的适应性，以应对客站的特殊需求。

### （二）综合交通枢纽与其他交通设施的服务、管理衔接问题

在以铁路客站为中心的城市综合交通枢纽中，铁路客站将和城市轨道交通、公交以及其他交通模式进行空间功能和管理的衔接，同时共享公共设施。而传统的旅客乘降服务内容也拓展新增了旅客零换乘、与城市综合交通系统有机衔接等内容。

这种零换乘的火车客站在国外已有多个成功案例。例如日本东京站、德国柏林中心站等等。研究这些案例会发现，所谓综合交通枢纽不是简单的将各种功能拼凑在一起，要实现顺畅的综合交通换乘目标，还有赖于高效的运营管理，特别是整体提高客站设施运用效率和设置流畅的旅客流线，确保旅客换乘过程保持高度的连续性，各种客运设备在运能和运量方面相互适应、匹配，保证客流过程通畅，不在任何环节滞留，聚集。正如“木桶短板理论”所揭示的现象一样，其中的任何一个环节出现了问题都会导致整体效率的低下。

以往我国的综合交通枢纽换乘多是各种运输方式企业单独建设、独自经营管理。在实现了零换乘的铁路客站中，铁路、轻轨、地铁等城市轨道交通与公交、出租车等其他交通模式的功能空间的重叠和交叉，也将引起铁路客站管理范围与城市公共交通管理在职权上的交叉，需在国内行政体制下探索建立与充分衔接需求相适应的运营管理方式，研究与地铁、公交等运营系统开展战略合作的途径和可能。

目前新的运营管理模式已经出现了相应实践内容，其中包括划分投资界面、施工界面、运营管理界面，设置中央指挥中心进行综合信息系统控制，在灾害、事故等突发情况下进行总体协调，这些实践值

得推广和深入研究。同时还可以借鉴国外客运产品多元化发展的策略，探索和地铁、公交等运营系统开展战略合作的途径和可能。未来铁路客站应建立统一的综合运输管理系统，组织和引导各运输企业联合运作，共同使用，采用集中控制，分权经营的管理体制，提高枢纽的整体能力和效率。

### （三）“大空间”带来的管理要求

铁路客站从传统的等候式向通过式、交通综合体的演化过程也伴随着空间从封闭到开放的发展。不仅在外部空间形态设计中，站房、广场、站场三者之间的界限逐渐淡化，在内部空间划分上也摒弃了传统客站严格划分候车空间的做法，形成了“内部中空”的室内空间。这种设计往往实现了水平和垂直两个空间向度的开放。如柏林中央火车站以十字形交叉站点新形式在两个垂直方向为城市交通创造了便利的流线。在这样大且开放的空间中，为避免旅客迷失方向，往往需要借助醒目的标识系统、信息公告系统以“被动”和“主动”的方式限定乘客乘车路线，保证旅客能快速辨别自己的行进方向，因此在大空间客站中要特别重视对标识和导向系统的有效使用和管理。同时在旅客流线组织上，运营管理部门应改变传统设置关卡的方式，努力创造更为快捷、并与流线相适应的管理模式。

“大空间”的客站设计需要先进的技术支持，除了结构技术外，在设备综合、集中的方面也有所体现，各种新技术应用对铁路客站后期运营也带来新的挑战。比如因为隶属的维护管理部门不同，传统的站台雨篷柱与接触网往往分开设置，但新型客站设计中为实现简洁的大空间效果，大多采用将两部分组合在一起设置的模式，客站使用后的运营管理就需要与之适应。

### （四）铁路客站商业开发与布局的新要求

商业经营性业务是铁路客站运营中必不可少的组成部分。铁路客站除了客票收入外，另外一个收入来源就在于站内商业活动收益，如果商业运营得当，可以收到“以商养路、以商补站”的功效。如日本东京西武铁道的多种经营收入已经超过了铁路运输收入。从另一角度看，商业空间还可以作为候车空间的有益补充，为客流高峰时期滞留的旅客提供方便，也能为旅客在进站上车的过程中提供便利的服务，因此，商业布局设计也是铁路客站设计重要的组成内容。

过去常见的商业布局主要有三种模式：一是在铁路客站周边区域建立大型综合商业区，形成“客站商圈”。这种类型实例非常多，比如成都北站商业圈等。二是与客站建筑联合，采用客站综合楼模式，利用地下层和地上层将商业空间和车站客运空间结合起来，如杭州站和北京西客站。三是客站以客运为主，在客站内部设置适当规模的商业空间。

经过多年的运营实践，“客站商圈”和客站综合楼的形式都暴露出了一些问题。现在，客站商圈已经被“以铁路客站为中心的综合交通枢纽”带动周边城市发展的观念所代替，随着市场经济的逐步完善，形成客站周边土地开发利用的新格局，有专家指出，“在大都市火车站地区可利用地下空间建设大型的商品城是世界的共同趋势”。而客站综合楼的形式，其建成的实例大多数都证明了以这样一种方式刺激商业是一种一厢情愿的想法，缺乏与之相适应的市场运作机制。特别是在目前“大空间”、“通过式”站房设计的发展趋势下，客站综合楼也和新的站房功能布局和形式不相吻合，因此在当代铁路客站设计中采用在客站内部设置相当规模的商业空间是更为恰当的选择。

在新一轮的客站建设中，通常在设计方案中就对商业空间的布局进行了系统筹划，在建成后的运营管理中，客站运营需要考虑以下几方面问题。

1．商业规模

毫无疑问，交通通行是铁路客站的首要功能。曾经有段时间我国铁路客站过分突出对商业经营空间的设计，但最后效果并不如人意。在当代“通过式”候车模式中，旅客在铁路客站中的逗留时间将大大缩短，因此商业开发规模需要控制在一个与之相适应的、合理的范围内。一旦开发过度就会影响铁路客站通达性等交通组织功能。只有实现了商业开发和交通功能的一体化组织，才能实现双赢的目标。

2．商业布局

铁路客站的传统商业布局通常有商业中心式和商业走廊式两种方式。中心式往往比邻主要交通营运区域，并自成一区；而商业走廊式主要是围绕主要营运区采用零售商业走廊的方式，如伦敦国王车站第八站台边上有成排布置的商店和餐厅。在当代铁路客站发展过程中，随着立体换乘功能空间在铁路客站中的应用，铁路客站在空间组织上有了更多的变化，在地下、地上等客站空间中都可以进行商业空间布局，出现了“立体化”发展趋势。同时商业布局中逐步改变了过去与其他功能空间截然分开的做法，与候车空间不再彼此割裂，如目前在候车空间中出现了类似航站楼的开放的休息和餐饮区域。也有人建议在进站广厅中，“引入商业服务功能，面积指标不再严格控制，而是根据车站所处位置的具体情况由有关部门确定”。只有以这样更灵活、更开放的方式进行设置，才能方便旅客使用，并适应通过式候车模式的需求。

3．商业业态及定位

以往铁路客站中的商业大多为餐饮、杂货日用品等业态，多经营中、低端商品，在人们的印象中整体档次偏低，经营状况不够理想，分析其原因与当时的经济发展状况和旅客经济能力有一定关联。但随着铁路的发展，城际铁路、客运专线的开通和客站与其他交通工具的“无缝”衔接，将会吸引更广泛的旅客群体。为了适应这一变化，并反映铁路的现代化和经济性，铁路客站的业态需要作出相应的调整。

据研究，欧洲客站业态常呈现出两个特点：一是业态的综合性，即以车站地下大型超市商业和地面小型商业、商务办公楼、旅游设施、公共娱乐、园林景观融合而成；二是业态的选择性，客站利用一切手段追求经济利润的最大化，并与历史风貌、城市功能相配套。这两个特点看似矛盾，但实际上是互为依存、彼此约束的。业态的综合并不意味着盲目堆砌，而是在对客站在城市中的区位及定位、当地经济发展程度、车站旅客群特点等相关背景的深入研究后进行的选择和综合。而多样的业态选择也保证各种经营可以互为补充，满足旅客的多元需求。

在当代铁路客站的新建和改建项目中，商业业态已经出现更多元和丰富的发展趋势。如青岛火车站引进了肯德基、SPR咖啡厅、康杰大药房、上海宾佳超市、青岛海瑞体育、青岛枫桥文化传媒公司等商铺，提供了满足旅客买票、购物、候车、休闲等综合需求的“一站式服务”。除此之外，零售业也以更多样的形式进入了铁路客站，如占地50~500m$^2$的各种零售店、售货亭、自动售货机等等。这些不同的零售业可以满足各种旅客的服务需要。但这些业态的选择是否恰当合理，有待进一步研究。特别需要提出的是，铁路客站的商业运作更应注重品牌效应，整体提升铁路客站的形象和运营水平。

### （五）“服务型”功能转变对铁路客站运营管理的新要求

客站“服务型”的功能转变对运营管理来说是很大的挑战。在传统客站中，空间布局模式与运营管理方式是紧密结合的，其空间的划分基本与客站管理流程和作业一一对应。在新型的铁路客站中，大而开放的空间使传统的管理模式失去了可以依附的物质空间形态，这就对客站运营管理提出了新要求。

1．更适应客站的开放性

传统铁路客站是路途的终点或起点，

均是一个封闭的端点。但现在这种情况发生了变化，客站已经成为了城市的一个组成部分，并且充满活力。作为城市重要枢纽建筑的铁路客站，交通建筑空间与城市公共空间高度整合，应不断适应城市的整体性、连续性开发。比如巴黎拉德方斯换乘枢纽中含有大量商业服务设施，这些设施和周围城市商业活动紧密结合，成为了集商业、服务、文化娱乐多项城市生活内容的综合体。因此铁路客站运营应考虑与周边城市空间和功能的综合协调。同时客站内部的公共大厅、候车空间和站台联系紧密，形成了开放的客站内部空间，其流线更加连续、紧凑。这要求铁路客站提供更便捷的乘降服务，如“机场式”的水平输送系统、“商场式”的小推车；推广广义无障碍设计；合理设置铁路客站内的垂直电梯、自动扶梯，为乘客提供各种人性化服务。新型铁路客站更加开放的发展趋势要求其运营管理模式适应发展变化，以更合理的方式保证客站的顺利运作。

2．与新设备和新服务内容相适应

在新型铁路客站设计中，节能环保设施、安检器材、列车时时查询系统、自动售检票系统、车站自动引导系统、环境控制系统等各种新型设备得到广泛应用。这些设备的出现，使得某些传统上由人进行的操作转化为自动化流程，或者改变了操作流程，运营管理出现了新的变化。比如通过应用自动售检票系统（AFC）、旅客自动查询系统、车站自动引导揭示系统等先进的信息管理系统，改革了现有“售票→候车室候车→人工检票进站→上车→在途服务→下车→人工检票出站”的客运组织模式，实行“自动售票→自动检票进站→站台或候车室候车→上车→在途服务→下车→自动检票出站”的模式，引导旅客快捷进出车站，实现“通过式”交通流线。

新增加的各类设备也提出了许多使用和管理方面的新课题。例如目前新建客站中电动扶梯的数量大大增加，但在运行中却未完全开启，不仅造成设备闲置还影响了整体运营效率。这都反映了运营管理需要研究、改进的新课题。

新型铁路客站服务内容也发生了变化。在客运专线中传统的行包服务萎缩，但新兴寄存、信息查询等功能越来越重要；对商务贵宾室、绿色通道等传统功能也要进行升级和发展；同时新增一些提供旅行宣传手册、手机快速充电设备、电子商务、天气预报等综合服务，提升服务内涵。

这些变化以有形和无形的方式改变着客站的运营管理，并对铁路客站提出了提升品质、适应时代发展的新要求。

### （六）新时期节能技术应用与铁路客站运营管理

日益严峻的能源问题已成为社会热点问题。作为重要公共建筑的铁路客站需要采用各种高效的节能技术减低对能源的消耗。目前国内外的许多客站在设计中都采用了新的节能技术。如北京南站中央站房采光带安装的太阳能光伏发电一体化系统，太阳能一级组件与屋顶结构紧密结合保持了屋顶结构的建筑风格和观赏性，也实现了年自发电10万千瓦时、节约燃煤36吨，减少二氧化碳排放8.7吨的节能环保效益。同时，由于北京南站整体建筑大量采用透明玻璃幕墙装饰，从采光天窗及各个方向透进来的阳光，节约了站房照明用电。北京南站另一项节能环保举措是采用了冷热电三联供+污水源热泵系统，实现了空调系统舒适性、经济性、安全性和环保性的统一，大大提高了系统的能源利用率。

这些新型节能技术的运用首先保证了全生命周期的能效。尽管增加了早期投资，但在长期运营中降低了运营成本，在整个建筑使用生命周期的长远来看是节约了成本和能源的。但这要求铁路客站在运营中要充分挖掘节能技术的潜力，正确使用和管理，使得各项节能措施能最终能发挥最大效力。

## 第二节　当代铁路客站设计的综合评价

### 一、主要建筑相关评价类型概述

评价是人类思考和认知过程中最基本的要素。人们在日常生活中都在自觉不自觉地进行评价，它是人类认知处理过程模型中最复杂的两项认知活动之一。综合多方面的因素总体来讲，评价就是指评价者对评价对象的各个方面，根据评价标准进行量化和非量化的测量、分析过程，最终得出一个可靠的并且逻辑的结论。其中，所谓评价者主要是对某个对象进行评价的主观能动体。

针对建筑可以开展多种评价，其中常见的有针对技术、经济等问题进行的专项评价，如消防安全评价、建设项目经济性评价等等。在不同的建设阶段，针对建筑还可以开展建筑设计综合评价、建筑性能评估、建成环境主观评价等多种综合性评价。其中建筑设计综合评价主要是以“专家知识和经验为中心的专业技术评价”，评价的对象主要是建筑设计的方案。建筑性能评价（Building Performance Evaluation，英文缩写BPE）是“以过程为导向”，“对建筑全生命周期中六个主要阶段的评估，分别是规划、策划、设计、建造、使用、以及再利用”。建成环境评价包括建筑设计前期评价（Pre-Evaluation）和建筑使用后评价（Post-occupancy）两个方面，是按照某种标准，对所设计的场所在满足和支持人的外在或内在的需要和价值方面的程度判断。由这三种常见的建筑综合评价类型来看，其评价主体和对象是不同的。

评价主体不同：建筑设计综合评价其评价者主要是专家等专业人士，而建筑性能评价的评价者构成更加广泛，不仅包括专业人士，还包括设计的各种使用群体；建成环境评价的评价者主体构成以环境使用者为中心。

评价对象不同：建筑设计综合评价的对象是建筑设计方案；建成环境评价的对象是建成环境的使用状态；建筑性能评价对过程中六个阶段分别从操作者和使用者的角度对建筑设施、使用者满意度以及环境可持续发展等方面进行分析比较。从内容上来看，后者涵盖范围最为广泛。

尽管在运用层次分析法、模糊综合评价法等具体评价方法上有相同的地方，但从整体评价思路、评价数据获得等方面来看，这些不同的评价类型存在很多差异。从评价内容上来看，以上所提到的这三种综合评价类型整体不同但存在彼此重叠和相同的地方，如对建筑功能性方面的评价。由于这些相似的内容，使得这些评价彼此可以互为参考。

## 二、当代铁路客站设计综合评价的背景和意义

### （一）开展设计综合评价的背景

铁路是国民经济的大动脉，是国家建设和经济社会发展的重要基础设施，铁路客站建设是其中必不可少的组成部分。铁道部提出了建设一大批经典客站的目标，投入了大量的人力物力，其建设规模之大、建设速度之快，都是其他国家和其他时期所不能比拟的。与此同时，不断出现的新建造结构和节能技术、新的管理方法和服务理念，都使铁路客站的建筑功能和形态发生巨大变化。为应对这些新发展和新需求，各设计机构都在不断探索，并推动铁路客站设计水平的持续进步。随着我国铁路客站设计与建设市场的日益开放，仅2007年就有16个国家和地区的52家设计机构、国内54家设计单位参加了40余座客

站的设计方案征集工作。巨大的建设数量、客站设计的发展变化和日益多元的设计机构都意味着，铁路客站设计评价难度增大，决策和建设单位面临巨大的挑战。

实际上当市民、旅客对铁路客站设计方案进行品头论足之时，广义上的评价就发生了。但新建或改建铁路客站过程中进行多方案比较选择的时候需要更为专业准确的评价，这直接决定了决策的准确性和建设项目的最终实施效果。在过去的铁路客站设计方案征集比选中，相关管理部门做了周密细致的工作，组织了大量专家参与其中。有些方案的比选还采用了公开展示、公众参与的方式。但铁路客站作为功能复杂的公共建筑，社会大众对其认识和了解并不充分，甚至大部分专业人员也都是习惯于从自己的专业角度出发评价铁路客站设计，往往只见树木不见森林。这直接导致了许多铁路客站设计评价有失偏颇，影响了最终方案比选结果的合理性。

经过大量的实践探索和经验总结，铁路客站设计的理论研究不断深化发展，为其设计评价提供了重要的理论基础和研究案例。但中国铁路客站作为世界上设计难度最大的交通建筑之一，其设计综合评价也是非常复杂的课题，必须综合考虑社会、经济、功能、技术等多方面的因素，同时还应该考虑不同客站、不同建造情况下评价的差异性。如没有科学的评价标准和方法，容易导致方案的评价结论流于主观和片面。

### （二）开展设计综合评价的意义

综上所述，建立当代铁路客站设计综合评价方法和体系，对于保证在较短时间内高质量地完成新时期铁路客站建设具有十分积极的意义。

#### 1．进一步完善铁路客站设计理论体系，促进当代铁路客站设计不断进步

中国当代铁路客站的设计仍处在不断发展过程中。铁路路网的日益完善，城市建设的快速发展，铁路运载能力的不断增强，都决定了铁路客站的设计条件和背景具有不定性的特点，传统的设计理论甚至规范标准在很多情况下都不再适用，其设计和使用过程需要不断解决面临的新问题和新挑战。因此铁路客站设计评价的研究可以完善铁路客站设计理论体系，促进铁路客站设计不断进步。

#### 2．为设计单位提供方案设计的指导和评价依据，并有助于提高设计水平

在客站建设大发展中将会有大量的设计单位参与，推出客站设计评价标准能提供评价依据，帮助设计单位更深入了解客站设计的各相关因素，对他们有序开展设计工作起到指导作用。同时可以在设计阶段中，通过设计评价来获得反馈意见，以

利于后期的方案优化。

### 3．有助于提高客站设计的经济性和科学性

铁路客站设计涉及近30个专业，工程庞大复杂，在其建设过程中铁道部提倡吸收国际上最先进的建筑思想与理念，通过坚持不懈的自主创新，提高当代铁路客站的品质与内涵。如何在决策中整合方方面面信息十分重要，在此基础上，研究形成评价的指标体系，对所涉及相关内容进行整理和分析，帮助相关人员优化形成科学的方案设计，这将有助于保证客站建设和今后运营的效果，从而提高建设项目的经济性和科学性。

### 4．有助于保证客站方案选择决策的高效合理

综合评价是关键环节，它是优化设计、寻求方案“非劣解集”和最终选出最优方案的依据。铁路客站设计往往周期很长，评价体系可以帮助设计人员更全面地了解铁路客站设计全过程的关键要素，在构思和深化方案的过程中高效、合理地作出选择。而管理部门在进行方案比选的过程中也能更快地作出决策。

### 5．为制订今后类似项目发展规划提供重要依据

评价体系的建立对于相似的大型公共项目评价决策提供了可供参考的案例，为制订今后类似项目发展规划提供了重要依据。

## 三、我国既有建筑设计评价研究

我国有许多专家学者进行过建筑设计方案评价及相关课题的研究。如刘启波等人研究过住宅建筑设计方案的评价方法；苏炜、汪菁等人研究过建筑设计方案模糊层次评价模型与方法；刘立钧、杨文斌等人研究过建筑设计方案选优的定量分析。这些研究提出了针对某种建筑类型的评价指标体系和评价方法，对方案选优和设计发展具有积极意义。但总体来讲，我国开展的建筑设计评价研究数量并不多，所评价对象也多局限于住宅建筑。针对铁路建设项目的评价多从经济、技术以及客站旅客服务质量等方面展开，尚未从建筑设计角度对铁路客站设计进行综合评价。

近年来，铁路客站和我国其他大型公共建筑投标数量大，社会影响广泛，有些方案还引发了热烈的争论。2004年，《建筑结构学报》的编委会专家撰写了题为《强调科学发展观 重申我国基本建设方针 建立科学的建筑方案评价指标体系》的倡议书。针对中国大型公共建设方案评选中出现的问题，建议按照安全可靠、经济合理、美观实用、适度超前这四个方面构建指标体系进行综合评价。可见，研究

建立铁路客站设计综合评价体系是铁路建设发展和社会的需要。

## 四、当代铁路客站设计评价的价值取向及其复杂性

价值是揭示外部客观世界对于满足人的需要的关系范畴，是指具有特定属性的客体对主体需要的意义，是一种根源于实践的基本矛盾而形成的社会客观的必然关系。实际上人们对价值的认识有各种各样的角度和形式。美国哲学家将价值概括出8个领域：道德、宗教、艺术、科学、经济、政治、法律和习俗。我国学者对价值的分类有：物质价值、精神价值、功利价值、道德价值、审美价值等等，这些不同的划分正说明了价值的复杂性。

在建筑活动中，价值观念将首先反映在人们对建筑的基本理解和基本价值取向上，同时价值也是涉及建筑的目的和方法的根本问题，所有对于建筑的判断都建立在对建筑的价值认识之上，不同的价值认知决定了不同的评判。比如重视建筑美学价值的人对建筑的评价基本建立在形式美的基础之上，实际上大部分普通人在看建筑的时候，首先会就建筑的形式进行评判，好看还是不好看。但在使用过后常常会从建筑的实用功能出发对建筑进行评判，这种直觉式判断出自主观感受，往往不够系统，容易有所偏颇。因此对建筑进行客观、全面的评判需要对建筑的价值建立完整和系统的认知。

### （一）功能的价值取向及其复合性

建筑的功能价值也可以称为建筑的实用价值，表明建筑所具有或可以发挥的作用、效用和能力，限定为物质性的、实用性的作用，这是建筑最基本的价值。建筑从最初诞生就承担着遮风避雨的实际功能，随着人类社会的发展，建筑的功能变的越来越复杂，所附加的装饰也日益丰富，但其本质却从来没有变过，仍是供人类居住和使用的由建筑材料搭建的构筑物。因此罗杰•斯克鲁顿在他的著作《建筑美学》中说“在决定某种形式之前，建筑首先要满足需要和愿望”。

铁路客站作为重要的公共建筑，其功能对于城市和铁路运输来说都非常重要，铁路客站的功能也十分复杂，这些复杂的功能需求成为建设铁路客站最重要的动因。因此，在所有价值取向中，功能价值取向是最基本的，它也应成为判断铁路客站设计方案优劣的最基本标准。当代铁路客站的功能处于不断发展变化之中，从单纯满足发送旅客的功能，发展到为旅客提供舒适的客站环境、衔接多种交通方式、促进所在区域和谐发展等综合功能。为更好地满足这些功能需求，客站空间也从最

初以站台空间为主，到以候车空间为主，再发展到现在强调“通过式”，以多功能空间为主。因此，功能的价值取向是铁路客站设计综合评价的基本取向，其内容涵盖了经济、社会、技术等多个层面，理解功能的复合性也成为这一价值取向的重要基础。

### （二）可持续的价值取向及其发展性

目前，可持续发展的内涵有广义和狭义之分。狭义可持续发展主要是强调人与自然的和谐协调发展，主要从自然生态的角度来考虑。广义的可持续发展是指人与自然、人与社会、人与人的和谐永续发展，其中涵盖了社会生态的可持续性。从狭义到广义其实也反映了可持续价值内涵的一个发展过程，要贯彻这一价值取向就应该兼顾这两种内涵。在自然生态方面，后工业时代的今天全球都在强调可持续发展，而我国作为一个能源相对短缺的国家，节能环保问题更加突出。铁路客站是投入巨大的公共建筑，它在建造和运营过程中产生的能耗非常巨大。在这样的背景下，其生态的价值取向更具有超越普通建筑的重要意义。一方面这是减少能耗，促进社会可持续发展的必要途径，另一方面这类公共建筑还具有示范和显示政府姿态的特殊意义，此外，建筑节能技术的发展也日益成为建筑研究的热点，并推动了建筑技术的可持续发展。因此，铁路客站设计必须牢牢把握住生态可持续的价值观，承担起不可推卸的社会责任。

从广义来看，我国强调以人为本，全面协调可持续的发展观，作为城市中的大型公共建筑，铁路客站一方面对城市经济影响显著，另一方面铁路作为最大众化的交通工具具有一定程度上的公益性。铁路客站设计还应结合社会和城市发展的角度思考问题、进行设计，辩证地处理生态环保与可持续发展的问题。

### （三）人文的价值取向及其多元性

人文精神，一般指人类的文化精神，起源于14世纪欧洲资产阶级文艺复兴时期，是文艺复兴文化的主导思想。从人文精神衍生出来的人文价值，有着非常丰富的含义。简单地说，人文价值是将人文精神赋予在某种载体上，通过一定的方式传达出来，体现出历史感、文化感、人性感等诸多内涵，最终获得社会认可的一种价值体现。建筑设计的人文价值在于把人作为设计的重心，在设计过程中关注使用者在使用过程中的主观感受和心理变化，关注社会文化价值的体现，从而使建筑具有某种精神特质和深层文化内涵。从广义来说人文价值也属于美学的组成因素之一，而建筑的人文价值相对于功能和美学而言是更深层次的价值体现，有人甚至认为“对于建筑的创造和评价，唯有人文尺度才是具有根本性的尺度，因而也是唯一真实的内在的尺度”。

铁路客站是城市中重要的公共建筑，常被誉为“城市的门户”，也是大量人流经常使用的建筑。铁路客站的设计在某种程度上直接反应了所在城市的文化和历史，也反应了当地人民的喜好和审美情趣，其人文价值取向是提高客站创作层次的重要保证。比如，客站设计往往都会重视对包含风俗、文化等抽象伦理因素和地理、气候等自然元素在内的地域文化的反映，这也是铁路客站设计创作的灵感源泉。而各个建筑师对此的理解和演绎大相径庭，则反映出人文价值的体现具有多元性。

### （四）形式美的价值取向及其矛盾性

美是具体事物的组成部分，是具体环境、现象、事情、行为、物体对人类的生存发展具有的特殊性能、正面意义和正价值，是人们在密切接触具体事物，受其刺激和影响产生了愉悦和满足的美好感觉后，从具体事物中分解和抽取出来的有别于丑的相对抽象事物或元实体。人类对美的追求可以说是随着人类诞生就开始了。形式美可以指构成事物的物质材料的自然属性（色彩、形状、线条、声音等）及其组合规律（如整齐一律、节奏与韵律等）所呈现出来的审美特性。

人们对建筑的视觉体验往往先于实际使用后的体验，这是因为人们在看到建筑的第一刻就能感受到建筑的色彩、线条、形体、光影变化等形式美的要素，并作出相应判断。因此，形式优美的建筑容易受到人们的肯定和好评。但建筑的美不能脱离对功能的关注，因为“建筑真正的美存在于与功能相适应的形式之中”。

从另一个角度来看，对于形式美的理解是千差万别的，对于什么是美的，很难得到统一的答案。特别是现在，审美出现了多元化的趋势，各种极端形式纷纷出现。我国传统古典建筑的均衡、韵律、统一的审美标准被打破，各种破碎、扭曲、夸张的建筑形态也开始为大众所接受，审美取向多元化并不断拓展。更有人认为应取消美观的限制条件，以文化代替美观。还有的建筑位于地下，比如深圳福田站将建筑全部置于地下，从外部很难感受到建筑形态。在这种观念变化和技术发展的前提下，如何进行形式美的价值判断，变成了一个非常矛盾而复杂的问题。

作为“通向愉快旅途”的出入口，铁路客站必须是能让人感觉愉快的场所，这也是人们对铁路旅途整体印象产生的最重要环节。同时客站作为城市重要公共建筑，甚至是标志性建筑，形式美是非常重要的评价标准。这一点毋庸置疑，但其评价结论却往往难以为所有人都接受。

总之，上述四种价值取向不是非此即彼的二元命题，但在对当代铁路客站设计方案进行综合评价时都是必不可少的依据。只有坚持综合的价值标准，全面考虑功能、可持续、人文价值和形式美的价值取向，才能全面、准确、客观地看待和评价铁路客站设计。

## 五、当代铁路客站设计综合评价指标探讨

### （一）当代铁路客站设计评价指标体系的制定原则

1．科学性

主要指的是指标的选择、指标权重系数的确定、数据的选取、计算与合成必须以公认的科学理论为依据。必须结合铁路客站设计运行各方面意见作出准确性、综合性分析，使指标既科学合理，又无相互干扰重叠。

2．客观性

要求所设计的指标必须以客观存在的事实分析为基础取得数据，作为综合评价的基础。

3．明晰和可实施性

目前很多评价体系，为了追求全面完整的评价，动辄设置成百上千个指标，但过分追求完整性，反而因指标数量过多，无法完成有效的评价。铁路客站的设计评价指标体系应选取最重要和明晰的内容，注意评价的可实施性，保证能对各项指标进行分析和评价。

4．动态性

选取得当的指标体系在一定的时间内能保持稳定。但任何评价内容都是相对于当时的社会条件、发展阶段所选取的。随着历史阶段的发展，诸如技术水平、铁路发展状况等相关因素都会发生变化，而已有的评价体系也许不再适合，这就要求铁路客站设计综合评价指标体系的选择应能适应评价进行时客站的发展状况。

### （二）当代铁路客站设计综合评价指标研究

作为铁路重要节点的客站，为大量旅客的到站和出发服务，为地方甚至国家经济发展提供了重要支撑，是非常复杂的大型公共建筑。本书的前几章已经深入探讨了当代铁路客站的规划布局、功能流线与空间形式设计的理论发展，充分分析了客站设计的复杂性特点。结合上述理论探讨，当代铁路客站设计方案综合评价可以从建筑部分、社会效能、经济性和可持续

性四个方面展开。

1. 建筑评价指标

建筑评价指标主要从建筑学本体内涵出发，涵盖了客站规划布局、功能与空间形态设计的相关内容。这是铁路客站设计最基本和最重要的评价内容。

（1）规划布局指标

铁路客站的规划布局从总体上确立了铁路客站与所在城市和区域的关系，确立了客站与城市交通的衔接方式，直接影响了铁路和城市间联系的便捷和流畅程度，决定了铁路客站各大功能组成之间的关系。具体指标包括交通可达性、站场设施规模适应性、与其他交通方式换乘的便捷程度、旅客人流疏散流线组织、人行道路组织和舒适度等内容。

交通可达性指标系指城市中一点到达其他地点的交通方便程度，有时也指其他地点到达这点的交通方便程度。客站的可达性可以综合地表示旅客从出发地到达客站所经历的快捷程度、舒适程度和经济程度。场站设施规模适应性指标是指公交场站、小汽车停车场、出租车临时停车区和自行车停车场等站场设施的规模应与停车场交通量和停车周转率相适应。与其他交通方式换乘的便捷程度指标则主要用以考察与其他交通方式的衔接效率和客站服务水平等。交通流线组织方式指标主要强调流线应互不交叉、短捷合理、明确清晰。旅客人均换乘设施面积指标则是用来衡量枢纽容纳乘客换乘的能力，反映枢纽内客流换乘的拥挤程度和舒适程度，是评价换乘适应性的一个量化指标。综合服务设施水平指标主要用于考察行包托运、售票、商业服务等设施的便捷程度。人行道路宽度指标是指能否满足旅客的通行能力。舒适度指标是考察在客站范围内换乘的客流从客站的服务项目中获得的舒适、满意程度，具体内容包括标识标志系统、遮阳设施、信息发布设施提供等方面。

（2）建筑功能指标

立体换乘系统、“通过式”流线组织和站篷一体化等新技术的广泛运用成为当代铁路客站设计的趋势，传统的站前广场、客站、站场不再彼此独立。铁路客站的建筑功能涵盖了主要的客站功能，也是铁路客站评价中最重要的内容。具体指标可以包括建筑功能组织、交通流线组织、内部空间设计、室内细部设计、建筑安全性等方面内容。

建筑功能组织指标主要包括交通功能空间、商业服务空间、运营管理空间、其他服务空间和潜伏设计能力指标（改造、改建应变能力）等内容。其中，潜伏设计能力指标是应对铁路客站运营的适应性需求而提出的评价标准，主要考察客站空间及功能组织进行改建、改造的可变能力。

交通流线组织指标主要考察旅客出站、到站的流线、各个功能空间流线安排以及运营管理的便捷性。信息及标识系统指标主要包括旅客对售票、车次离到站、行包存取等信息的获取、流线标识、无障碍设施、安全警示，重点需考察信息发布设施及布局、指向标识的设置、数量、正确性、标准化以及安全警示完善程度等方面的情况。

建筑内部空间设计指标主要关注空间导向性，即空间结构的明确性和具有良好导向性以及连续的空间衔接、可识别、空间尺度、不同空间衔接以及场所感等等。室内细部设计指标包括地面铺装（应关注盲道设计、防滑措施以及不同功能分区地面材质变化等因素）、装修材质（材料选择、质感）、卫生间（能否满足旅客需要以及方便程度）等。

建筑安全性指标主要考察火灾、自然灾害、城市突发公共卫生事件和恐怖袭击与破坏事件四类突发状况下的客站安全性能。安全系统设计主要包括六个方面：一是防火系统设计，即以性能化设计为基础的防火设计，包括防火隔离带设置、消防通道、距消防站距离、通风与空调系统的防火设计、防火门、防火卷帘（防火分隔）、火灾自动探测系统与自动灭火系统、消火栓系统与轻便消防器材、防排烟系统（或蓄烟和灾后排烟）、钢结构耐火保护设计等。二是抗震设计，包括抗震设防级别、楼层荷载设计值、抗震设防措施、建筑体型及高度等。三是安全防范系统，包括出入口控制系统、防盗报警系统、闭路电视监视系统、巡逻管理系统、对讲管理系统、旅客物品安全管理系统等。四是防爆设计，包括建筑周围物理防护措施、地下空间的使用方式等。五是其他设施，包括防雷措施、安全警卫、报警及监控系统、事故广播与诱导系统等。六是标志，包括应急照明与安全疏散指示标志、场地设计安全照明、避难场所标示系统等。

（3）建筑外部形态指标

建筑的外观常常是普通民众评价建筑的重要依据。铁路客站作为重要的公共建筑，其建筑形象担负着文化信息传递、场所精神营造、城市地标创造等多重意义，其建筑外部形态设计也成为评价的重要指标，具体可以包括文化性、标志性和建筑审美等方面内容。

文化性指标需要考察建筑三个方面，一是整体风格协调性，风格是内在的建筑空间加上外在的建筑形象的综合体,也是建筑美的表现形式,是一种美的格调,也是不同建筑形式对基地周边环境的尊重，对原有风格的保持。二是地域性特色，即对当地地域性文化的传承和发扬。三是文脉体现，即对基地周边环境的尊重，对原有风格的保持。

标志性指标需要考察的因素有：一是在外部形态方面应兼具代表城市形象的标志性功能，并同时符合大众的审美要求。二是地标性，即对建筑的体量、形式有一定的要求，同时也要求这个建筑在人们的社会生活中起到重要作用。三是象征性，即对所在环境的人文历史、地域特色与魅力的继承与代表，成为举足轻重的城市品牌和无形资产。四是创新性，指技术或者理念上的突破，以及形式上的新颖性。

建筑审美指标应考察以下内容，一是整体性，建筑的美首先还是在于其整体性是否足够，建筑的各要素以某种关系和谐的组成一个整体。二是比例尺度，应关注建筑整体或某个局部本身的长、宽、高之间的大小关系，以及建筑物整体与局部或局部与局部之间的大小关系。三是建筑物的尺度，是指建筑的整体和细部与人的尺度之间的关系。四是色彩、材质等外观效果，要求建筑物在颜色的运用上应以达到某种和谐秩序而在适当之处有所变化，以追求趣味的对比和张力表现为原则。

（4）建筑技术与材料指标

铁路客站空间尺度大、建筑技术先进、结构复杂、容纳人流量大、荷载高，与其他类型建筑相比，铁路客站设计对建筑技术和材料的要求更高。经过近年来不断探索，新的建筑技术和材料不断更新。因此在设计评价过程中，建筑技术和材料也是重要的评价内容。具体包括结构体系合理与安全性、环境控制系统、智能化设备系统、屋面体系、维护结构体系和室内装修材料。

其中，环境控制系统指标，是对室内声环境、光环境、热环境的控制，应评判创造舒适、健康的预期能力。智能化设备系统指标则包括火灾自动报警及联动控制系统、建筑设备自动化系统、综合布线系统、电话通信系统、引导显示系统、公共安全管理系统、背景音响广播系统及信息通告系统、自动售检票系统、楼宇智能化管理系统等。

2. 社会效能评价指标

交通运输与城市发展关系极为密切，方便的交通运输条件是城市形成与发展的基本因素之一。铁路作为我国当前综合运输体系中的骨干,在城市发展过程中充当着尤为重要的角色。随着我国经济社会发展，铁路正处于高速发展的黄金时期，随着既有铁路六次大提速的实施，客运专线、高速铁路和城际铁路的建设日新月异，铁路在我国人民生活和经济社会发展中的地位和作用日显突出。当代铁路客站既是铁路枢纽的标志，又对周边城市环境起到了积极带动作用，并成为当地文化和地域特色的重要体现者。反映当代铁路客站社会效能的主要指标包括铁路客站与城市的协调性、对周边城市环境的带动作用。

（1）铁路客站与城市协调性指标

铁路客站与城市的协调性是从比前述总体规划布局更高层面探讨铁路客站与城市的关系，主要反映铁路客站布局、规模与城市总体规划的协调程度。

这个指标包含四方面内容，一是客站与城市总体规划的协调程度，主要反映城市总体规划与当代铁路客站布局的协调关系；二是客站与各种交通方式的密切程度，主要反映客站内各交通方式的调度运转水平及各交通方式之间的协调程度；三是客站与城市交通主骨架的协调程度，主要反映客站的布局与公路主骨架、水运主通道和铁路主干线等的协调程度；四是客站的等级划分情况，主要反映客站等级配置的合理程度。

（2）对周边城市环境的带动作用指标

在新形势下，铁路运营的品质将不断提升，高速化、公交化运营模式在铁路运输中的蔚然兴起，促进了旅客的多元化发展，这也将对改善铁路客站周边城市环境起到积极作用。因此，铁路客站及其商业布局等运营策略将会对所在城市地段的发展带来明显影响。铁路客站方案设计是否能满足这种功能需求是此项评价内容的考察目的。

这个指标重点需考察五点，一是客站的发展余地，主要反映客站向周围扩展的可能性的大小，以适应不可预见的发展需求；二是客站的供需效率，主要反映客站容纳客流的能力以及客站的投资效益；三是客站的规模适应性，反映客站内客运站疏导客流的能力；四是客站对城市环境的影响，主要考虑客站建设所造成的负面环境效应；五是客站的方便性，主要反映客站的运转效率及各交通方式之间的衔接方便程度。

3．经济性指标

在我国经济社会快速发展的同时，建设节约型社会亦是国家的一项重大发展战略。在这样的背景下，铁路必须为社会提供资源节约、环境友好、具有循环经济功能和可持续发展的工程成果，强调投资效益、资源节约和保护环境，并以全寿命使用效果为评价依据，是当代铁路客站工程建设中进行经济性评价的主要原则。铁路客站设计方案应该在满足高标准设计水准的同时考虑其投入产出的经济性，不提倡不计成本的过度设计。具体内容包括用地规模、建设投资、运营成本等方面的考察。用地规模由客站建设占地面积等指标来反映；客站规模反映了客站建设是否遵循空间集约化原则，根据普速列车、客运专线、城际列车等不同客站特点和客流量来确定适合的建筑规模和站房标准；对铁路客站建设投资，则要考察设计方案的造价估算是否满足经济性要求。

4．可持续性指标

生态环保问题也是中国目前迫切需要解决的问题。铁路客站的设计鼓励采用生态环保技术，节约能耗，并力图使可持续建筑成为重要的设计发展方向。可持续发展建筑应符合六条原则：第一是资源消耗最低，第二是资源再利用最多，第三是使用再生资源，第四是保护自然环境，第五是创建健康无毒环境，第六是追求质量。通过科学的整体设计整合绿化设置、自然通风、自然采光、自然能源的利用、绿色建筑材料和智能化控制等各种技术与设计的结合，充分展示出人文与建筑、环境与科技的和谐统一。在建筑具体操作层面上,应注重把握和运用容易被忽略的自然生态特点和规律，贯彻整体优先的准则，塑造一个人工环境与自然环境和谐共存、面向未来、可持续发展的建筑环境。当代铁路客站的可持续性评价，主要关注的是铁路客站设计中生态策略的运用和客站能源消耗等内容。在生态策略中应重点考察设计中自然采光和通风的利用、减震降噪措施，以及是否使用了节能环保材料和是否采用了有效的生态节能技术等。

综合建筑、社会效能、经济性以及可持续性这四方面的评价内容，有些可以采用量化的方式评价，如旅客人均换乘面积、站场设施规模等指标；还有一些内容则无法量化，如建筑设计文化性、交通流线组织等，这就要求综合利用多种评价方法进行比较，然后得出最终综合评价结论。这些评价内容涉及层面广，并非所有指标在每个项目设计综合评价中都要一一罗列，评价者需结合铁路客站的类型进行选择，针对不同类型铁路客站需考察的内容也不尽相同。如城市中第一铁路客站和第二甚至第三铁路客站在对社会效能的考察中就有不同的要求，第一铁路客站标志性及反映城市和区域文化的要求更高。

5．改扩建铁路客站的补充评价指标

在对已有铁路客站改建、扩建方案进行设计评价时还需对建筑形式的统一、功能完善性、技术可行性、建筑设备衔接与改造这四个方面的内容进行评价。

（1）建筑形式的统一性

已有铁路客站的改建和扩建对象必然是仍有着继续使用价值的客站。选择已有铁路客站的改建和扩建往往出于造价、社会成本和客站本身历史价值等原因。因此建筑形式的统一性体现在两个方面：第一方面是指原有建筑主体的空间体量与改造之后的建筑形式是否统一，这适用于一般的铁路客站；第二方面主要是针对有历史价值的铁路客站，其改建和扩建还应尊重原有的文脉和建筑风格。

（2）功能的完善

当代铁路客站的功能与传统铁路客站相比发生了较大变化，对已有铁路客站的改、扩建，其首要目的应是希望能尽最大可能达到新型客站的功能要求。对此功能的改造可参照新建铁路客站的功能评价部分。但在实际操作中也许不能完全达到新建客站要求，应根据实际情况追求适当、合理的功能完善。

（3）技术的可行性

原有铁路客站在建造技术上无法和现在同日而语，恰当的改建和扩建不应盲目追求最新最好的建造技术，而应该考虑技术的可行性和建造成本。

（4）建筑设备的衔接与改造

随着铁路客站的发展，建筑设备也在不断更新。在改建和扩建过程中，增加何种设备，如何与既有设备衔接是重要的设计内容，应该在评价过程中进行比较。

## 六、铁路客站评价方法及评价过程的研究

### （一）不同评价方法的比较和选择

评价方法包括多种方法，每种方法在应用人群、指标确定、内容侧重上都各有不同。在铁路客站设计评价中结合了多种设计评价方法对铁路客站进行综合评价。

定性评价法、定量评价法与综合评价法的比较

表6-1

| | |
|---|---|
| **定性评价法** | 淘汰法<br>名次分析法<br>德尔菲法<br>点评价法<br>…… |
| 定量评价法 | 加权评分法<br>主成份分析法<br>多目标线性加权评价法<br>技术经济评价法<br>…… |
| 综合评价法 | 模糊综合评价法<br>层次分析法<br>灰色系统评价法<br>人工神经网络评价法<br>…… |

注：此表引自朱小雷所著《建成环境——主观评价方法研究》（东南大学出版社，2005年出版）。

定性评价法不采用数学方法，主要根据现实评判，直接对评价对象作出定性的价值判断结论。定性评价主要针对那些无法量化的指标，如建筑空间外部形态设计的地域性特色评价。此种评价内容无法用

具体的数值表示，而主要强调观察、分析、归纳与描述，其评价方法和评价标准相对比较模糊。

定量评价通过量化计算或技术性指标来衡量的内容，主要采用数学的方法，收集和处理数据资料，对评价对象作出定量结果的价值判断。这种评价方法强调数量计算，具有客观化、标准化、精确化、量化、简便化等鲜明的特征。常常采用的评价方法为德尔菲法，又称专家咨询法。

综合评价是在单项评价的基础上进行的，从整体的角度对被评对象进行全面、系统、科学的评价，因此可以全面地从整体上把握系统的优劣科学、合理地鉴定出系统要素中的关键因素，使决策更加全面、合理。由于人们活动领域的扩大、评价对象的日益复杂，所需考虑的因素多，系统评价工作不但要考虑明确的定量的因素，还要考虑大量的模糊性、灰色性的因素，这直接导致综合评价的产生。目前国外提出的综合评价方法已达数十种之多。根据各自的理论基础可以分为如下四类。

（1）专家评价法：如专家评分法、优序法、综合评分法等；

（2）运筹学方法：如多目标决策、DEA分析法、专家最优综合评价模型等；

（3）其他数学方法：如层次分析法、模糊综合评价、数理统计法等；

（4）混合方法：主成分加权线形分析方法、模糊聚类分析方法等。

如何将这些因素加以综合，使其可以表示为单一的综合评价值，是当前铁路客站设计综合评价研究的重点与难点。

在铁路客站设计综合评价中，可以通过专家咨询法和层次分析法来获得指标的权重，再通过灰色聚类综合评价或模糊综合评价等方法来进行方案选优。

## （二）当代铁路客站设计评价过程研究

### 1. 当代铁路客站设计评价过程

当代铁路客站设计评价过程总体可以分为准备—实施—总结三个阶段。

评价的前期信息准备工作是保证铁路客站设计评价质量的前提。一是应明确铁路客站评价的内容和目标。二是进行探索性的研究，以了解相关背景，初步建立评价因素，为研究设计做准备。三是应进行评价的研究设计，主要包括如何合理选择各种评价技术、选取对象、安排评价程序、计划评价实施细节等具体问题的过程。四是确定评价层次和类型，确定评价主体，构建评价指标体系，选择设计评价方法。

实施阶段的工作主要由收集数据、分析数据和评价结论组成，主要是依靠具体的专家咨询法、观察法、访问法等调查方法，进行评价数据采集，然后对数据进行科学分析和总结的过程。

总结阶段主要工作是根据实施阶段获得的数据整理，采用选择的综合评价方法，得出关于方案的评价结果，并可进一步总结和比较各方案的优缺点，进行结果的应用和推广。

对这三个阶段进一步细化可以分为如下七个步骤：一是明确评价的目的和评价内容；二是确定影响系统评价的因素；三是确定评价的指标体系；四是制定合适的评价准则；五是确定可行的评价方法；六是进行系统的单项评价；七是进行系统的综合评价。这七个步骤彼此相辅相成，都影响着最终评价结果的合理性和准确性。

2．评价指标体系的设定和选取

（1）指标构成的针对性

指标体系的建构不是一成不变的固定格式，而是力求探索一些具有普遍性的指标内容构成。在对客站设计的评价中，针对不同客站类型和规模、其在铁路网及铁路枢纽中的位置和承担的功能、所在城市现状（包括城市类型、历史文化发展、经济发展水平、自然资源特色等内容）、旅客出行特点等各不相同的客站建设背景，应对指标进行优化和选择，形成有针对性的指标体系。

（2）阶段考察的指标选取

铁路客站设计不是一蹴而就的过程，它必然经过对现状的分析，提出问题、分析问题以及解决问题的整个过程。这个过程不断进行着否定、纠偏和优化。指标体系可以在这个过程中发挥作用。与一般建筑设计需经历概念设计、方案设计、初步设计和施工设计四个阶段有所不同，铁路客站的设计程序一般分为预可行性研究阶段、可行性研究阶段、方案阶段、初步设计阶段、施工图设计阶段五个阶段。每个阶段要解决的重点问题各不相同，应从整体指标体系中选取与本阶段最相关的指标进行评价，用以指导下一步设计。

3．评价过程关键环节

（1）建立层次结构和指标体系

层次结构和指标体系的构建需要通过主观衡量和客观量化，总结归纳铁路客站评价指标，分析整理出的影响评价结果的指标及指标之间的相互关系,建立起递阶层次结构模型。按此思路，当代铁路客站设计综合评价可以从建筑、社会效能、经济性和可持续性四个方面加以展开。针对一般新建铁路客站建筑设计评价可以构建如表6-2所示的评价基本结构层次。

铁路客站建筑设计评价指标体系 表6-2

| 目标层 | 项目层 | 因素层 | 指标层 | |
|---|---|---|---|---|
| 当代铁路客站设计评价 | 建筑 | 规划布局 | 与城市道路衔接与交通组织 | 交通可达性 |
| | | | | 场站设施规模适应性 |
| | | | | 与其他交通方式换乘的便捷程度 |
| | | | | 进站、出站区设置 |
| | | | | 停车场出入口设置 |
| | | | 旅客人流疏散流线组织 | 旅客流线组织方式 |
| | | | | 旅客人均换乘设施面积 |
| | | | | 综合服务设施水平 |
| | | | | 人行道路宽度 |
| | | | | 人行道舒适度 |
| | | 建筑外部形态 | 文化性 | 整体风格协调性 |
| | | | | 地域性特色 |
| | | | | 文脉体现 |
| | | | 标志性 | 地标性 |
| | | | | 象征性 |
| | | | | 创新性 |
| | | | 建筑审美 | 整体性 |
| | | | | 比例尺度 |
| | | | | 外观效果 |
| | | 建筑内部功能 | 建筑功能组织 | 交通功能空间 |
| | | | | 商业服务空间 |
| | | | | 运营管理空间 |
| | | | | 其他服务空间 |
| | | | | 潜伏设计能力（改造、改建应变能力） |
| | | | 建筑交通流线组织 | 旅客出站流线 |
| | | | | 旅客到站流线 |
| | | | | 各功能空间流线安排 |
| | | | | 运营管理便捷性 |
| | | | 建筑结构和建筑材料 | 结构体系 |
| | | | | 环境控制系统 |
| | | | | 屋面体系 |
| | | | | 室内装修材料 |
| | | | | 维护结构体系 |
| | | | | 智能化设备系统 |
| | | | 信息及标识系统 | 信息发布设施及其布局 |
| | | | | 指向标识 |
| | | | | 无障碍设施系统化 |
| | | | | 安全警示完善程度 |
| | | | 建筑内部空间设计 | 空间导向性 |
| | | | | 空间尺度 |
| | | | | 安全感 |
| | | | | 场所感 |
| | | | | 室内环境景观设计 |

续表

| 目标层 | 项目层 | 因素层 | 指标层 | |
|---|---|---|---|---|
| | | | 建筑细部设计 | 地面铺装 |
| | | | | 装修材质 |
| | | | | 卫生间 |
| | | | 建筑安全性 | 安全系统设计 |
| | | | | 标志 |
| | 社会效能 | 铁路客站与城市的协调性 | 客站与城市总体规划的协调程度 | |
| | | | 客站与各种交通方式的衔接程度 | |
| | | | 客站与城市交通主骨架的协调程度 | |
| | | | 客站类型与规模控制和城市定位 | |
| | | 对周边城市环境的带动作用 | 客站商业模式辐射能力 | |
| | | | 客站的供需效率 | |
| | | | 客站的规模适应性 | |
| | | | 客站对城市环境的影响 | |
| | | | 客站的方便性 | |
| | 经济性 | 建设投资 | 客站规模 | |
| | | | 建设造价 | |
| | 可持续性 | 生态技术运用 | 新技术新材料 | 使用绿色建材 |
| | | | | 生态节能技术应用 |
| | | | 自然采光和通风的利用 | |
| | | | 减震降噪措施 | |

（2）确定指标权重

指标的权重是指标对总目标的贡献程度，可以将其看作是把指标联结为一个整体的量的纽带，反映了某一指标在指标体系中所起作用的大小。形成评价指标体系后需要进一步确定指标权重，这实质上是进一步分析了指标间量的关系。

一般而言，指标间的权重差异反映了以下三个方面的内容：一是评价者对各指标的重视程度不同，反映评价者的主观差异。如建筑师和结构工程师在评价指标权重上就会有明显的差异。二是各指标在评价对象中的重要程度不同，其权重就不同，这反映了指标间的客观差异。具体来说，普速铁路客站和城际铁路客站相比在候车空间和交通流线的要求上就各有所偏重，枢纽站和一般车站在建筑外部形态上的要求也不尽相同。如北京南站在建筑外观的标志性要求上就较其他客站在权重上要大一些。三是各指标的可靠程度不同，指标所提供信息的可靠性也相应有所不同。因此我们在确定指标的权重时就应该从以上三方面来考虑，综合确定各评价指标的权重。确定权重的方法有多种，比较常见的有德尔菲法（专家咨询法）和层次分析法等。

（3）综合评价结果分析

在确定各指标权重之后，需要通过各种方法获得各指标单项评价，最后再通过灰色聚类综合评价或模糊综合评价等方法进行综合评价。

近年来综合评价广泛应用在各个研究领域。如自然界资源的评价常采用MCDM+模糊、系统均衡原理、AHP等方法；对生态环境的评价常采用模糊聚类、指数评价、AHP、马太加权等方法；对科技发展常采用AHP、模糊、灰色等评价方法；工程项目常采用的是AHP、模糊、灰色、可能－满意度等评价方法。评价者可以根据能否正确地反映评价对象和目的以及自己的熟悉程度来选择。应用不同的评价方法在评价具体程度上有所差别。比如有学者发现采用模糊综合评判方法演化而来的评价虽然能选出相对"最优"的方案，但如采用灰色聚类方法不仅能进行方案优选，还能进一步根据优、良、中、及格、差的分类具体明确这个方案属于哪种类型。因此，在铁路客站设计综合评价中，评价者可以根据不同评价方法的特点和适用范围进行选择，完成综合评价，得出评价结果。

### （三）当代铁路客站设计评价特点

综上所述，铁路客站设计评价与其他类型建筑评价相比有其自身的特点，这其中的差别需要在进行铁路客站设计评价时予以关注。

1．铁路客站设计评价的复杂性

铁路客站设计涉及多个工程类别，是非常复杂的公共建筑。其评价指标和标准的选择需要多专业的专家共同参与工作。铁路客站设计要求不是放之四海而皆准的一套固定模式，大、中、小型的客站等不同类型的客站设计规模、功能设置差别明显，甚至同为大城市的枢纽客站其所在的城市经济水平不同，其旅客类型、商业规模也不相同。因此，铁路客站设计评价的指标组成不应是僵化模式，应结合评价对象的特点进行局部调整。

2．铁路客站设计评价的时效性

铁路客站设计评价具有时效性。目前大多数铁路客站面临的设计条件还在不断发展，从城市经济发展、铁路路网建设预期来看，铁路客站发展日新月异。以站前广场为例，传统铁路站前广场都采用平面布局模式，而现在多采用立体布局模式，其人流、车流交通组织、空间布局、与客站建筑衔接都采用了不同于以往的设计。这个变化过程只是一个缩影，反映出当代铁路客站从空间模式、建造技术到细部构造的方方面面均处于发展变化期，与之对应的铁路客站设计的综合评价体系也需要不断发展，要根据当下铁路客站的发展状况和其他背景合理选择设计评价指标内容。

3．铁路客站设计评价与运营后效果评价相辅相成

如前文所述，对铁路客站的评价应是全过程的评价，既要针对铁路客站设计过程建立评价铁路客站设计的标准体系，还要针对铁路客站建成后的运营效果，在其建成一段时间后开展必要的后评估。铁路客站设计评价针对的是铁路客站的设计方案，对于客站项目建设和投入运营使用来说这是关键的一步，但也是万里长征的第一步。为更好地了解铁路客站运营状况，了解铁路客站真实的功能需求是否得到满足，了解客站建筑使用是否符合设计方案预期目标，还应在客站运营一段时间之后，适时开展建筑使用后效果评估。这两方面的评价应是互为补充，相辅相成，共同组成铁路客站的综合评价体系。开展铁路客站设计评价在评价设计成果优劣与其适宜性的同时，还为设计规范与设计细则的修编和运营后效果评价提供了重要的研究依据和参考数据；而对铁路客站建成环境进行主观评价，用运营的实际情况检验设计的合理性，提出有价值的评价结论，为今后其他铁路客站设计提供借鉴，也对进一步完善设计评价标准十分有益。

# 后　记

铁路客站设计的总体性要求高，需要集成技术要素、经济要素、社会要素、管理要素等多种要素，是一项涉及面很广的系统工程。因此，对于铁路客站设计理论的研究，必须结合工程实际，进行多层面、多角度的深入探讨。但基于铁路建设的紧迫需求，本书只能按照“急用先做、不断深化”的原则，将探索的重点集中在目前急需解决的一些重点问题上。同时，限于时间和作者的水平，本书的研究深度和广度尚有较大的提升空间。对于本书的不足和不当之处，欢迎读者批评指正。我们深信，在铁路建设大发展中，随着铁路客站建设的不断推进、运用经验的不断积累、运营考核的不断深化，铁路客站设计理论创新的实践基础和认识基础必将越来越扎实，对客站设计理论的探索一定会取得更为丰硕的成果。

在本书的策划过程中，曾与国内外专家讨论、交流，并从设计单位收集了大量文字和图片资料；在写作过程中，林荣、林玲、崔叙、邓敬、杨青娟、周鑫等同志做了大量工作。对此，我们深表感谢。

作　者

2009年1月

# 参 考 文 献


[1] 刘志军，何华武，郑健．铁路旅客车站设计指南．北京：中国铁道出版社，2006

[2] 中华人民共和国铁道部．GB 50226—2007 铁路旅客车站建筑设计规范．北京：中国计划出版社，2007

[3] 盛晖．探索中国铁路车站创新之路．2007中国铁路客站技术国际交流会议论文集．北京：中国铁道出版社，2008

[4] （英）罗斯，著．铁道第四勘察设计院，译．火车站规划、设计和管理．北京：中国建筑工业出版社，2007

[5] （英）休•科利斯，著．孙静，段静迪，译．现代交通建筑规划与设计．大连：大连理工大学出版社，2004

[6] 郑健．我国铁路客站规划与建设．铁道经济研究，2007(4)

[7] 蔺安林，沈中伟，邬琦夫．综合换乘下的铁路客站空间形态特征及设计思路．2007中国铁路客站技术国际交流会议论文集．北京：中国铁道出版社，2008

[8] 杨林山．我国大型铁路客站候车空间组织模式的发展趋势及设计对策 [D]．成都：西南交通大学，2005

[9] 彭其渊、王慈光．铁路行车组织．北京：中国铁道出版社，2007

[10] 张如飞，徐循初．城市客运交通的整体化研究（一）——论铁路与城市公共交通的衔接．城市规划汇刊，1989（6）：16-28

[11] 张如飞，徐循初．城市客运交通的整体化研究（二）——论铁路与城市公共交通的衔接．城市规划汇刊，1990（1）：20-28

[12] 朱小雷．建成环境主观评价方法研究．南京：东南大学出版社，2005

[13] 沈中伟．动态+现代+地域．2007中国铁路客站技术国际交流会议论文集．北京：中国铁道出版社，2008

[14] 谢立伟．浅析铁路客运站发展的两级及其对建筑空间形式的影响．2007中国铁路客站技术国际交流会议论文集．北京：中国铁道出版社，2008

[15] 朱兆慷，等．铁路旅客车站流线设计和建筑空间组合模式的发展过程与趋势．建筑学报．2005(7)

[16] 王建国．现代城市设计理论和方法（第二版）．南京：东南大学出版社，2001

[17] 蔡珏．文化的诠释：全球化与地域性冲突下的设计探索．2007中国铁路客站技术国际交流会议论文集．北京：中国铁道出版社，2008

[18] 刘云强，黄咏梅．高技术与地域文化的结合．2007中国铁路客站技术国际交流会议论文集．北京：中国铁道出版社，2008

[19] 李京，朱志鹏．海纳百川——由上海虹桥站规划看综合交通枢纽的发展．2007中国铁路客站技术国际交流会议论文集．北京：中国铁道出版社，2008

[20] 崔叙．城市综合客运枢纽规划与设计理论研究．上海：同济大学交通运输工程学院，2005

[21] (新西兰)Andrew W．Charleson，著．李凯，边东洋，译．建筑中的结构思维：建筑师与结构工程师设计手册．北京：机械工业出版社，2008

[22] 铁道第四勘察设计院．铁路工程设计技术手册——站场与枢纽．北京：中国铁道出版社，2004

[23] 李德华．城市规划原理(第三版)．北京：中国建筑工业出版社，2001

[24] 徐循初．城市道路与交通规划（下册）．北京：中国建筑工业出版社，2006

[25] 中华人民共和国铁道部．GB 50091-99 铁路车站及枢纽设计规范．北京：中国计划出版社，1999

[26] 廖苑伶．铁路客运枢纽站衔接系统研究 [D]．上海：同济大学交通运输工程学院，2004

[27] 陆锡明．大都市一体化交通．上海：上海科学技术出版社，2003

[28] 建設省都市計画課都市交通調査室．新たな站前広場の計画について——站前広場計画指針を通じて．交通工学，1999，Vol．34（3）：43-49

[29] 姜帆．城市大型客运交通枢纽规划理论与方法的研究 [D]．北京：北方交通大学交通运输学院，2002

[30] 韩志伟．新型铁路客站设计建设的实践与探索．2007中国铁路客站技术国际交流会议论文集．北京：中国铁道出版社，2008

[31] 王南．位于铁路网端枢纽客运站规划及布局的构想．2007中国铁路客站技术国际交流会议论文集．北京:中国铁道出版社，2008

[32] 康宏．城市快速交通枢纽综合体设计研究 [D]．上海：同济大学，2006

[33] 程泰宁．重要的是观念——杭州铁路新客站创作后记．建筑学报，2002（6）

[34] 陈枫．浅谈流线与建筑形态构成的关系．安徽建筑，2000年，第7卷，第1期：36-37

[35] 王有为，等．关于火车站站前广场功能的探讨．城市交通，2007年，第5卷，第04期

[36] 盛晖．探索中国铁路车站创新之路：铁四院近期设计综述．建筑创作，2007年，第4期：34-38

[37] 沈中伟．新时期中小型铁路客站的空间构成与设计．四川建筑，第27卷，第6期

[38] 杨林山，沈中伟．我国大型铁路客站候车空间的演变及发展趋势．四川建筑，2006 (3)

[39] 王磊，周雪梅，杨晓光．城市铁路客运站站前广场设计研究．上海公路，2003（1）

[40] 李传成．交通枢纽与城市一体化趋势——特大型铁路旅客站设计分析．华中建筑，2004年，第22卷，第1期：32

[41] 赵京．当代社会环境下我国综合铁路客运站发展研究 [D]．天津：天津大学，2006

[42] 刘光亚．大型、特大型旅客站建筑设计的探讨．铁道标准设计通讯，1990年，第7期：38-46

[43] 俞国良，王青兰，杨治良．环境心理学．北京：人民教育出版社，2000：138

[44] 孙伟，刘德明．铁路客运站建筑空间开放性解析．华中建筑，2008（1）

[45] 白立琼．铁路客运站地区的城市交通衔接研究．交通运输工程与信息学报，2006年，第4卷，第4期：70

[46] 泰瑞•法雷尔事务所．九龙火车站．世界建筑导报，1998(6)：56

[47] 王睦，吴晨，王莉．城市巨构·铁路枢纽——新建北京南站的设计与创作．世界建筑，2008年，第8期：38

[48] 郑健，等．铁路旅客车站设计集锦（Ⅰ，Ⅱ）．北京：中国铁道出版社，2006

[49] 郑健，等．铁路旅客车站设计集锦（Ⅲ，Ⅳ，Ⅴ）．北京：中国铁道出版社，2007

[50] （英）戴维·史密斯·卡彭，著．王贵祥，译．建筑理论（上，下）．北京：中国建筑工业出版社，2007

[51] 彭一刚．建筑空间组合论．北京：中国建筑工业出版社，2008

[52] （美）凯文·林奇，等著．黄富厢，等译．总体设计．北京：中国建筑工业出版社，1999

[53] （德）托马斯·史密特，著．肖毅强，译．建筑形式的逻辑概念．北京：中国建筑工业出版社，2003

[54] （日）斋藤公男，著．季小莲，徐华，译．空间结构的发展与展望——空间结构设计的过去·现在·未来．北京：中国建筑工业出版社，2006

[55] （德）彼得·卡克拉·施马尔，著．赵娜冬，译．创造优秀建筑的工作流程——建筑学与工程学的密切合作．北京：中国建筑工业出版社，2008

[56] （希腊）安东尼·C·安东尼亚德斯，著．周玉鹏，张鹏，刘耀辉，译．建筑诗学——设计理论．北京：中国建筑工业出版社，2006

[57] 杨志疆．当代艺术视野中的建筑．南京：东南大学出版社，2003

[58] 张利．信息时代的建筑与建筑设计．南京：东南大学出版社，2002

[59] 张钦楠，张祖刚．现代中国文脉下的建筑理论．北京：中国建筑工业出版社，2008

[60] 过伟敏，史明．城市景观形象的视觉设计．南京：东南大学出版社，2005

[61] （日）建筑图解事典编集委员会，编．刘茂榆，译．建筑结构与构造．北京：中国建筑工业出版社，2007

[62] 冒亚龙．建筑美学的哲学阐释．华中建筑，2006年，第1期

[63] 张娜．新时期我国铁路客站建筑形态研究 [D]．成都：西南交通大学，2008

[64] Ronald L．Mace，Graeme J．Hardie，Jaine P．Place．Accessible Environments: Toward Universal Design．NewYork: VanNostrand and Reinhold，1991（2）

[65] 刘先觉，葛明．当代世界建筑文化走向．华中建筑，1998（4）

[66] 何镜堂．建筑创作要体现地域性·文化性·时代性．建筑学报，1996（3）：10

[67] 张正明．建筑与民族地域文化．华中建筑，2005（1）

[68] 赵巍岩．当代建筑美学意义．南京：东南大学出版社，2001

[69] 赵钢．地域文化回归与地域建筑特色再创造．华中建筑，2001（2）

[70] （美）阿摩斯·拉普卜特，著．常青，张昕，张鹏，译．文化特性与建筑设计．北京：中国建筑工业出版社，2004

[71] 蔡钰．文化的诠释：武昌站建筑设计．建筑创作，2007（4）

[72] 刘云强．武汉站建筑设计．建筑创作，2007（4）

[73] 崔恺．属于拉萨的车站．建筑学报，

[74] 国际建协．北京宪章．世界建筑，2

[75] 张彤．整体地区建筑．南京：东南大学出版社

[76] 孙澄，梅洪元．现代建筑创作中的技术 业出版社．2007：126

[77] 朱渊．"还原、转化"的地域现代建筑设计 大学，2004

[78] 赵剑峰．会展建筑广义地域性创作探析 [D]．成都：

[79] 李文耀．中国铁路变革论．北京：中国铁道出版社，200

[80] 徐千里．创造与评价的人文尺度．北京：建筑工业出版社，200

[81] 盛晖． 中国高速铁路车站设计之我见． 2007中国铁路客站技术国际 论文集． 北京：中国铁道出版社，2007

[82] 邱东．多指标综合评价方法的系统分析．北京：中国统计出版社，1991

[83] 陈宇．城市景观的视觉评价．南京：东南大学出版社，2006

[84] 刘启波，蒲继生．灰色聚类综合评价方法在住宅建筑方案选优中的应用．北京：基建优化，2002

[85] 曹冬清．大型综合交通枢纽站旅客向导标识的布设方案及评价方法研究 [D]．北京：北京交通大学，2008

[86] 孙立山，任福田．客运交通枢纽换乘客流的组织优化．道路交通与安全，2007

[87] 朱兆慷．铁路旅客车站流线设计和建筑空间组合模式的发展过程与趋势．建筑学报， 2005

[88] 钱桂枫．新建铁路客站运营效果调查及存在问题分析 铁道经济研究，2007

[89] 刘小明，沈龙利，杨孝宽．城市客运枢纽综合评价指标体系研究．中国公路报，1995（8）

[90] 田园．综合交通枢纽客运站布局评价的定量优化方法研究．交通标准化，2006（1）

[91] 朱兆慷，张庄．铁路旅客车站流线设计和建筑空间组合模式的发展过程与趋势．建筑学报，2005（1）

[92] 顾保南，黄志华，等．上海南站的综合交通换乘系统．城市轨道交通研究，2006

[93] 孙伟，刘德明．铁路客运站建筑空间开放性解析．华中建筑，2008

[94] 唐述春．德国铁路客运营销特点及思考．中国铁路，2005（5）

[95] 苏炜，汪菁．建筑设计方案模糊层次评价模型与方法．河南科学，2002年，第4期

[96] 邬琦夫．新型铁路交通枢纽换乘复合体研究 [D]．成都：西南交通大学，2007

[97] http://www．ccmetro．com/newsite/readnews．aspx?id=9484

[98] http://blog．linkshop．com．cn/u/ybmybm/archives/2008/102213．html

[99] 田志强，韩君，潘金山．铁路客运站旅客服务质量评价体系与方法研究．铁道运输与经济，2008（9）

[100] 刘启波，王玲，田静峰．住宅建筑优化设计方案综合评价指标体系的研究．基建优化， 1998 (4)

[101] 张于心，智明光．综合评价指标体系和评价方法．北京：北方交通大学学报，1995（9）

[102] 陈章明，戢晓峰，蒋阳升．铁路过饱和旅客运输管理策略．北京：铁路运输与经济， 2009（1）